大叙事

构建韧性、公平和可持续的社会

THE GREAT NARRATIVE

For a Better Future

[德] 克劳斯·施瓦布
Klaus Schwab

[法] 蒂埃里·马勒雷
Thierry Malleret
著

世界经济论坛北京代表处 译

中信出版集团 | 北京

图书在版编目（CIP）数据

大叙事：构建韧性、公平和可持续的社会/（德）克劳斯·施瓦布，（法）蒂埃里·马勒雷著；世界经济论坛北京代表处译. -- 北京：中信出版社，2022.10

书名原文：The Great Narrative: For a Better Future

ISBN 978-7-5217-4699-0

Ⅰ.①大… Ⅱ.①克… ②蒂… ③世… Ⅲ.①世界经济－经济发展趋势－研究 Ⅳ.① F113.4

中国版本图书馆 CIP 数据核字（2022）第 160184 号

The Great Narrative: For a Better Future by Klaus Schwab and Thierry Malleret
© 2022 World Economic Forum
All rights reserved.
No part of this publication may be reproduced or transmitted in any form or by any means, including photocopying or recording, or by any information storage and retrieval system.
本书仅限中国大陆地区发行销售

大叙事：构建韧性、公平和可持续的社会
著者： ［德］克劳斯·施瓦布 ［法］蒂埃里·马勒雷
译者： 世界经济论坛北京代表处
出版发行：中信出版集团股份有限公司
（北京市朝阳区惠新东街甲 4 号富盛大厦 2 座　邮编　100029）
承印者： 宝蕾元仁浩（天津）印刷有限公司

开本：880mm×1230mm 1/32　　印张：7　　字数：128 千字
版次：2022 年 10 月第 1 版　　印次：2022 年 10 月第 1 次印刷
京权图字：01-2022-4993　　书号：ISBN 978-7-5217-4699-0
定价：65.00 元

版权所有·侵权必究
如有印刷、装订问题，本公司负责调换。
服务热线：400-600-8099
投稿邮箱：author@citicpub.com

目录

前言　　III

1_ 导读　　001
1.1_ 风险关联和系统互联　　006
1.2_ 社交媒体和假新闻时代　　007
1.3_ 叙事的力量　　009

2_ 后疫情时代的问题和挑战　　017
2.1_ 概念性框架　　019
2.2_ 经济　　029
2.3_ 环境　　042
2.4_ 地缘政治　　063
2.5_ 社会　　069
2.6_ 技术　　079

3_ 未来之路与解决方案　　091
3.1_ 协作和合作　　093

3.2_ 想象与创新 104
3.3_ 道德和价值观 115
3.4_ 公共政策 127
3.5_ 韧性 142
3.6_ 商业的作用 149
3.7_ 技术的飞跃 157

4_ 结论 169

5_ 附录 181

致谢 189
注释 191

前言

我们生活在一个前所未有的变革时代，因此肩负着前所未有的责任，也要发挥前所未有的潜力，以共同塑造一个更美好的未来。

在这样一个前所未有的变革时代，经济、环境、地缘政治、社会、技术等领域的重大挑战相互交织、相互强化，要求人类采取前所未有的行动。我们有责任、有潜力应对这些挑战。正是基于这样的信念，我们决定撰写《大叙事：构建韧性、公平和可持续的社会》一书，呼吁个人和集体开展行动。我们之所以撰写本书，是因为我们坚信：为了人类社会更美好的未来，我们需要建设一个更有韧性、更加公平和更可持续的世界。

我们在 2020 年 11 月出版的《后疫情时代：大重构》（COVID-19: The Great Reset）一书中首次阐述了上述问题。在此基础上，《大叙事：构建韧性、公平和可持续的社会》一书聚焦一系列可能的解决方案。人类历史的最终演绎取决于哪种叙事将占据主导地位。

叙事为何重要？作为具有社交属性的人类，我们天生善于讲故事。通过叙事，我们获得了交流和传递信息的基本工具。叙事是我们理解周围世界的一种方式，为我们提供了一种情境，有助于更好地解释、理解和回应我们观察到的事实。最重要的是，引人入胜的叙事能够激励我们采取行动。但是我们为什么需要一个共同的"大叙事"呢？因为本书所讲述的一系列相互关联的故事将展现一个共同的核心理念。它涉及方方面面，旨在阐明即将面临的挑战与困难，并从集体应对的角度为我们的选择提供一些清晰的观点。虽然如此，《大叙事：构建韧性、公平和可持续的社会》并不是应对未来挑战的"处方"，而只是提出了未来行动的框架。

《大叙事：构建韧性、公平和可持续的社会》表达了我们对未来最佳道路的信念。我们承认，人类社会面临着诸多重大问题；但我们也相信，事情总有解决的办法，而且我们一定能找到解决的办法。从这个意义来说，本书给我们带来了希望，它毫不犹豫地摒弃了"人类社会终将荡然无存"的末日心态。人类的创造力、聪明才智和天然的社会属性能够释放巨大的力量，必定能战胜一切困难。

观点和信念源自我们的人文情怀，但书中内容则坚持以事实为依据，以科学为指导。此外，我们和来自多个学科、代表多元观点的全球一流思想家和意见领袖进行了 50 场对话，他们的真知灼见为本书提供了重要支持。他们有的支持我们的信念，有的挑战我们的信念，但是都丰富了我们的思考。在此，我们向他们表示感谢！

克劳斯·施瓦布

蒂埃里·马勒雷

2021 年 12 月 15 日

The Great Narrative
For a Better Future

1 导读

我们面临什么样的未来?

我们渴望什么样的未来?

我们如何才能实现理想的未来?

前述三个问题困扰着我们所有人。《大叙事：构建韧性、公平和可持续的社会》回答了前两个问题，并为回答第三个问题奠定了基础。我们无法预测未来，但能够想象甚至设计未来，因为任何结果都并非注定。作为具有认知能力的人类，我们拥有构建理想世界的力量。或许最关键的是，我们还能够为未来做好准备，在降低风险的同时收获意外之喜。

新冠肺炎疫情就是这样一种风险。多年来，许多国际组织和专业人士一直警告可能会发生一场全球大流行。尽管如此，新冠肺炎疫情的暴发还是让全世界猝不及防。如今已是2022年，疫情暴发已两年有余，但这场大流行仍未结束。我们希望新冠肺炎疫情危机尽快过去，但是这能做到吗？世界卫生组织前任总干事曾表示，"疫情总有开始，也终将结束"[1]。然而，从社会学和心理学层面来看，大流行并不会很快消失，而是会持续多年。一位研究科学和医学历史的专家表示:"我们生活在新冠肺炎疫情时代,我们不只是面对一场疫情危机,这次疫情还会带来许多重大而持久的变化。将来某一天,我们回望过去的时候,无法轻描淡写地表示'那是一段艰难的时期,但一切都过去了'。实际上,疫情带来的许多影响需要几十年的时间才能逐步消除。"[2]

确实如此!历史经验表明,我们很难预测一场大流行何时开始、何时结束,很难了解它如何能够结束,也很难评估它产生了哪些广泛的影响。纵观人类历史,虽然大流行的死亡率或感染率会逐渐降低,但其产生的影响将持续存在。随着社会经济的逐步调整,人们会努力回归正常生活,但大流行会继续影响人们的生活。它会引发各种恐慌心理,包括对疾病的恐慌,对隔离的恐慌,对"他人"的恐慌甚至对"未来"的恐慌,而这些恐慌带来的心理冲击需要更长的时间才能平息。毫无疑问,当前这场疫情危机已经放大了人类社会方方面面的重大变化。有些变化早在疫情暴发之前就已出现,随着疫情的到来而加速发展(一些专家甚至称疫情给这些变化加上了"涡轮增压器")。这些变化包括不断加速的自动化创新、不断加剧的社会不平等、不断强化的科技监管、不断升级的中美竞争,也包括局部倒退的全球化进程、经济范式变迁和日益分裂的地缘政治格局。还有一些即将到来的变化,它们绝不只是原有趋势的加速发展，而是在新冠肺炎疫情暴发之前完全无法想象的。比如，对社会重大事项的重新考量（"大辞职潮"已经充分说明了这一点）、更激进的社会福利和税收政策、新型国家干预措施、日益受到欢迎的幸福政策和人们重新恢复对自然的敬畏等，这些都属于刚刚出现却愈发重要的系统性变化。

数千年来，大流行从来都不是偶发性危机，而是历史规律的产物。那么，历史经验如何帮助我们了解未来？从本质来看，大流行是冲击性事件，会造成社会鸿沟，给人们带来精神创伤，并加剧在人类历史上反复出现的基本相同的重大问题，如战争和冲突、不平等和贫困、社会凝聚力下降和社会冲突、政治动荡、供需关系遭到破坏以及债务困境等。但是，正是因为天然具有颠覆性，大流行往往能够推动持久而重大的变革。新冠肺炎疫情也不例外，它近乎全景式地呈现了两大特点：首先，当今世界面临许多严重的断层问题，包括社会鸿沟、公平缺失、合作受限、全球治理失败和地缘政治动荡；其次，人类社会具有非凡的能力，能够在面临极端困境时动员力量、创新提出应对之策。在新冠肺炎疫情暴发初期，谁能预料到这么多国家的政府和中央银行会采取不同寻常的、宽松的财政和货币政策来拯救本国经济呢？2020年春天的时候，又有谁能想到不到一年的时间就有好几种疫苗投入使用呢？一个崭新的世界（并非只是一种"新常态"）正在形成，而其面貌则主要取决于我们以什么样的叙事方式来引导和塑造未来之路。

纵观整个人类历史，这一直是大流行的一个关键特点。正因为大流行威胁到人类的生存，因此也迫使我们思考宏大的问题，不仅思考自身的生死存亡，也关心他人的安危祸福。大流行是一面巨大的镜子，能够照出我们共同的"样子"，促使我们反思个人和社会存在的意义。有鉴于此，大流行和其他许多重大危机一样，让我们反思具有普遍约束力的社会契约和行为方式，这反过来会激发创新，为制度、政策和社会改革铺平道路。重大冲击（比如当前疫情带来的冲击）能够催生重大变革，而发挥聪明才智逆势而上一直是人类的本能。既然如此，这次又有何不同呢？如果说有，那就是当今世界的两大特征让变革更加迅疾且更加复杂，所带来的影响更加深远，超出我们的想象。

1.1_ 风险关联和系统互联

万物相互依存是全球化和科技进步的产物，是21世纪的主要特征。今天，我们即将迎来一系列重大变化，这些变化彼此关联、同时发生，带来了各种相互交织的风险，并且通过级联效应和蔓延效应得以强化。[3]本次疫情暴发的时间节点非常特殊，面对即将到来的许多挑战，我们的社会经济体系显得难以应对；地缘政治和技术发展格局正在快速重塑，几年以后面貌必将焕然一新；环境灾难近在眼前，气候变化威胁人类生存。所有这些挑战同时发生且相互影响，由此构成了"系统互联"，将我们带入前所未有的时代：不仅所有变化同时发生，新冠肺炎疫情更是加剧了这些变化，使它们快速发生。我们将看到应对这些重大挑战的对策确实存在，而且也切实可行，但我们需要进行大量创新，推动社会经济发生彻底变革，深入改革管理社会与经济的制度、法律和规则。此外，我们的生活习惯和消费模式也需要彻底改变。

1.2_ 社交媒体和假新闻时代

谎言、假消息、错误消息和阴谋一直存在，但在当今时代，无处不在的社交媒体和疯狂蔓延的虚假新闻为它们提供了生存的土壤。此外，社交媒体建构人际交流的方式会影响特定群体形成可靠的集体信念。这主要表现在两个方面：（1）我们在社交媒体上的常见做法是选择与志趣相投的人互动交流，而不愿与挑战我们的人打交道。在此过程中，我们不自觉地和持有相同观点的人站在一起，失去了真正的连接，关闭了重要的沟通渠道，从而造成割裂和分化；（2）机构、行业组织或个人等不同领域的"意见领袖"能够直接触达大量"时刻在线"的人，与其建立相互信任、相互依赖的关系，从而进一步加剧甚至激化社会分化问题。正因为如此，出现下列现象就不足为怪了：一项在新冠肺炎疫情期间开展的调查研究显示，因疫情导致的不确定性和心理焦虑与人们更容易接受阴谋论之间存在关联。[4] 这在某种程度上解释了为什么强大的反科学运动使新冠肺炎疫情得以延长，影响了公众健康，更加重要的是破坏了我们团结向前的能力。除了新冠肺炎疫情带来的阻碍，无处不在的假新闻能够操控和加剧社会分化，阻碍我们成功应对共同面临的重大问题。

有鉴于此，我们如何充分理解即将发生的各种变化的必要性和相关性，如何找寻影响变化轨迹的最佳方式，又如何把握系统互联、社交媒体和假新闻在其中发挥的作用呢？这些问题很难回答，也没有一个简单的答案。我们需要回答的问题是：我们接下来怎么办？我们该做出怎样的选择？我们如何修复运转失灵的系统？我们如何制定并实施相应的政策和措施？我们如何把握政策背后的理念？如何让这些理念变得易于接受，从而获得绝大多数人的支持？这些任务异常艰巨，让人头晕目眩。应付如此复杂的任务远超任何个体的认知能力，也远超任何单个学科或专业领域的集体认知。原因很简单：专家学者和其他专业人士一般善于在细分领域进行思考，为此需要依赖特定的概念和方法论框架，基本没有精力去进行跨学科的研究或跨专业的联系。这往往会导致一种集体焦虑，因为人们对于这项错综复杂的任务感到力不从心，对于其覆盖的范围也缺乏了解。以经济、环境、地缘政治、社会和技术问题之间的关联性为例，除了海量的信息和不断加剧的复杂性会凸显认知局限以外，我们对问题的理解基本限于专业范围之内。比如，如果我们是经济学家，会非常了解经济学，但难以把握地缘政治、技术或环境领域的动态。如果我们是人工智能专家，就很难了解社会科学领域的动态，也很难了解文化和社会准则在多大程度上决定一个社会是否或者如何"采用"和适应新的技术。这里想表达的核心观点是：我们通常都习惯在自己的领域内各行其是，做不到在不同的领域之间连点成线、有效互联。因此，我们如何回应新的事实或情况，以及我们如何理解世界，就会过于依赖我们所认识或信任的那些人，并最终受到他们的深刻影响。这种交流、理解和评估的基本流程就是通过故事或者叙事来完成的。

1.3_ 叙事的力量

作为最有效的思想通道，叙事拥有独特的力量，能帮我们确定当前正在发生什么、未来即将发生什么和需要采取什么行动，因此我们将其确定为本书主题。如果采用最简单的定义，叙事是关于特定对象的故事，而在本书中，它更多是指一种"呈现或理解能够反映和宣传特定观点、特殊价值理念的情形或方式"[5]。在撰写本书的过程中，我们采访的一些"叙事者"进一步做出解释，比如约翰·哈格尔（John Hagel）对故事和叙事进行了区分："故事是有开头、有主体、有结尾的独立整体，而叙事则是针对一些情景进行开放式呈现。比如未来将会出现某种重大的威胁或机遇，但尚未形成解决方案，不确定如何面对这样的机遇或风险。最终的解决方案将取决于你——聆听者，你的选择和行动将决定叙事如何呈现。"[6]

叙事对我们而言非常重要。作为社会性动物，人类天生善于讲故事。哲学家让-保罗·萨特在1938年出版的长篇小说《恶心》（Nausea）中指出："人总是在不断讲述故事。人总是生活在自己和他人的故事中，并通过故事来看待周围发生的一切。对于人来说，活着好像就是为了讲述故事。"叙事经济学之父罗伯特·席勒（Robert Shiller）进而将叙事和决策联系起来："人的大脑始终对叙事高度敏感，不管是否真实，总是希望用叙事寻找行动的理由。"[7]关于叙事的大量研究明确指出，我们根据叙事进行思考、行动和交流，关于世界运行方式的每一种解释、理解或模式都是从一个故事开始的。叙事提供了相应的场景，帮助我们理解所观察到的事实，然后据此开展行动。从这个意义来说，叙事的范畴要远超我们讲述、撰写或阐述的故事，它最终是为了揭示某种真相或者我们视为真相的某些理念，以此得出能够塑造"现实"的观点，并在此过程中形成我们的文化和社会。通过叙事，我们解释如何看待事物、这些事物如何存在、我们如何决策以及如何为决策寻找依据、我们如何理解自身在世界中的位置、我们如何尝试劝说别人认同我们的信念和价值理念。[8]总结起来就是：叙事塑造我们的观点，观点构成我们看到的现实，最终影响我们的选择和行动。叙事就是关于我们如何探寻生命意义的方式。

本书提供了一系列相互关联的叙事，阐明了即将到来的变化以及人类的对策。《大叙事：构建韧性、公平和可持续的社会》围绕一个核心故事展开，融入多位世界一流思想家的观点，致力于塑造长期视角，共同打造一套叙事体系，助力建设更有韧性、更加包容和更可持续的人类未来。本书的主体内容（并非全部）来自对 50 位世界一流思想家和意见领袖进行的访谈，他们来自世界各地，涵盖广泛的学术领域，拥有不同的专业背景。当然，全球有成千上万的杰出学者、研究人员、科学家、教授、预言家和富有影响力的作家，因此最终选择 50 位显得有些局限。但是我们相信，我们所选择的这 50 位思想家是非常恰当的，因为他们都是在各自领域（以及更广泛的领域）产生重大影响的人物，并且在其领域之外拥有众多支持者。简而言之，他们举足轻重，他们的叙事颇有影响力。不管我们是否同意他们的观点，他们的叙事都能激发我们的想象力，并促使我们去反复斟酌他们的观点，甚至与之进行互动。这一点至关重要。我们太容易接受先入为主的想法，这些想法往往与个人和职业生活紧密相关，并且受到后者的深刻影响。换言之，我们认为仅靠"换个角度"是不够的。因此，我们会聚焦那些能够让人"顿悟"或"恍然大悟"，或者能够迫使我们创新思路、挑战既有信念和假设、建立精神连接的想法。我们希望大家在阅读本书的过程中，能够逐渐意识到这50位思想家的叙事有助于我们换个角度看世界，有助于扩展我们的认知地图，从而能够了解如何建设更加美好的未来。每一种叙事都有独特的视角，都代表着多元化的认知，都向我们展示了其他人具有影响力的观点。这些叙事汇总起来，就构成了一幅有趣的画卷。通过这一系列叙事，我们可以互动交流，共同构建理想的社会经济体系。

因此，本书的全部目的是展示并探讨植根于不同叙事逻辑的多元化观点，进而将其纳入最终的决策和政策中去。行动、决策和政策总是始于一个"宏大"的想法。宏大的想法不仅能助力经济（它们是促进经济增长的真正引擎），而且能够推动世界进步。当一个宏大的想法取得突破、产生影响，就会演变成广泛传播的叙事，从而获得升华并扩大影响力，直至纳入公共政策以及商业和投资决策。通过创始者的想象和努力，这些想法能够激发创造力,为发现、创新和变革奠定基础,并且发展成为行动号召。如果想法后续被转化为经济产品,经济学家就会用专业术语将其称为"非排他性"以及"非竞争性"产品。想法具有非排他性源于其自由的特性,任何人都无法真正被排除消费(或产生)一个想法的可能性;而想法具有非竞争性是因为人们在利用一个想法时,并不会影响其他人对该想法的使用,即每个人都可以在不阻碍别人的情形下"消费"某种想法。正所谓,"如果我给你一美元,你给我一美元,那么我们每人只有一美元。但是如果我给你一个想法,你给我另一个想法,那么我们每个人都会拥有两个想法"。想法的这一特性为其赋予了一种"价值回报不因规模的扩大而递减的天然属性"[9]。简单来说,想法越多越好。我们拥有的想法越多,就越能催生更多的想法!在对 50 位全球一流思想家和意见领袖进行访谈的基础上,本书介绍了大量有趣甚至新奇的想法。

本书提出了很多观点,并介绍如何将其整合,形成造福人类的"大叙事"。最重要的是,本书将阐述一些观点为何能够甚至应当被纳入政策和决策。我们在这里重申,本书并不仅仅是为了呈现理论,更是为了发起行动号召。随着全球逐步摆脱疫情危机,加速开启彻底的变革之旅,我们的社会和经济必须更具包容性,更能满足全球共同利益的需要,并且更具韧性。

《大叙事:构建韧性、公平和可持续的社会》是一本书,也是一份宣言，还是一本轻松的学术概论。它涵盖了如此广泛的主题，因此必须进行整合（内容整合是一个简化的过程，但形式上的简化并不代表内容上的简单）。本书呈现的一些观点和叙事可能显得有点脱离主流，但都能在学术文献和政策文件中找到事实依据。我们在撰写本书的过程中尽量减少使用专业术语，最大限度地做到通俗易懂，以照顾尽可能多的读者。书中内容平实，但所用概念和方法非常严谨。为了保证行文流畅，所引用的参考文献已附于书后。2021年6月至11月，我们对精心挑选的50位全球一流思想家和意见领袖进行了访谈，访谈内容也成为本书的重要基础。我们非常荣幸地与政界、商界、学术界、社会组织等各界领袖进行了多次对话，所获观点对本书内容构成了有效补充。此外，2021年11月，阿拉伯联合酋长国在迪拜［这里可谓是探讨"大叙事"的风水宝地，因为据我们所知，阿联酋是全球唯一一个设立了"可行事务部门"（Ministry of Possibilities）的国家。该组织致力于打造"面向未来的新型政府"］举行了一场为期两天的头脑风暴，与接受我们访谈的50位思想家及其同侪进行了对话，这对于本书成稿也发挥了重要作用。从这个角度来说，本书是集体创作的产物，是群体视角下"开明智慧"的结晶。我们尽量压缩了致谢的篇幅，但在参考或引用思想家们的观点时，提及了受访者的姓名，这些"叙事者"的名单列于书末。

如果有读者因为阅读本书而开拓了视野，或者改变了对特定问题的看法，并且以更有效的方法解决问题，那么我们将感到非常荣幸。我们想再次强调，《大叙事：构建韧性、公平和可持续的社会》既是一份行动号召，也为解决我们共同面临的一些重大问题，提供了讨论相关议程的平台。

本书的主体内容分为两大部分。前一部分陈述问题，后一部分提出对策。第1章导读奠定全书基调。第2章从经济、环境、地缘政治、社会和技术等相互关联的五大领域，审视了后疫情时代人类社会将要面临的共同挑战和问题。第3章从个人和集体层面，采用多元化视角分析上述问题的解决方案和人类社会的未来之路。本书结论部分调查了我们的乐观、务实或悲观的态度如何帮助或阻碍我们应对当前这场大变局。

The Great Narrative
For a Better Future

2 后疫情时代的问题和挑战

我们正面临诸多全球性挑战，其中最主要的挑战包括不可持续的经济增长、环境退化、地缘政治对抗、社会不平等、大流行和网络犯罪。本章的重点内容是界定相互影响的五大类别，聚焦人类社会面临的共同挑战。

2.1_ 概念性框架

如果缺乏一个强大的概念性框架,我们就不可能理解在复杂的时代背景下所发生的一切。为此,本书采用世界经济论坛全球风险网络开发的一个概念性框架,将全球问题分为五大宏观类别:经济、环境、地缘政治、社会和技术。[10] 这种分类方式简明扼要地概括了当今世界面临的所有问题。任何重大的全球性问题必然属于这五大类别中的一类。

为了简化内容便于阅读,本章接下来将逐一介绍上述问题。但正如本书导读部分所述,相互依存和系统互联是当今世界的主要特征。即便我们的大脑倾向于在特定的学术领域进行线性思考,我们周围的世界却是非线性的,各种问题盘根错节,并不能简单归结为某个单一领域。当今世界错综复杂、瞬息万变，充满了不确定性，同时又具有自适应性。而且正如我们在《后疫情时代：大重构》一书中指出的那样，当今世界具有量子特性。我们通常认为人类身处牛顿时代物理学所描述的古典世界——一切都呈现线性、可预测性和某种程度的决定论的特征，但实际上这样的世界根本不存在。由于相互依存度不断提高，当今世界比以往任何时候都呈现出更加明显的量子物理学特征：高度互联、充满不确定性、异常错综复杂。用量子隐喻（虽然这是事实）描述当今世界似乎非常合适。

因此，不考虑和其他类别的关联而单看某一特定的类别是有局限性的，甚至在概念上是错误的。比如，只考虑经济学但忽视其与社会问题的关联，只考虑地缘政治而置技术因素于不顾，或者孤立地思考上述五大类别中的任何一类而不考虑与其他四类的联系，最终一定会走向死胡同。原因很简单：构成本书概念性框架的五大类别问题相互交织、彼此依存，它们所带来的风险和机遇也完全关联。每种单一的风险都会和其他风险相互作用，每种风险都能催生反弹效应，激发更多的风险。比如，一次极端天气事件（环境风险）会加剧食品价格的上涨（经济风险），进而导致大规模的非自愿式移民（社会风险），并有可能引发国家崩溃（地缘政治风险）。这就是系统互联带来的风险传递。同样，某一类别出现了一次机遇（比如加速创新或者部署新技术），能够产生具体而直接的影响，从而影响另一大类别。再举一个典型的例子，无人机监控技术（几年前还难以想象）可以降低毁林风险（一个关键的环境风险）。风险相互传递，机遇也会相互影响。

正如导读部分所述，涉及五大类别的快速而急剧的变化都是同时发生的，还会相互强化。这一点在环境领域最为明显。环境退化和气候变化已经深刻影响经济、社会和国际关系（地缘政治），而技术又在应对气候变化、减少气候风险方面发挥着关键作用。五大类别的问题相互关联，表明我们正处于前所未有的转型进程之中。每一代人都会感觉"新的时代"即将来临，但这一次真会如此吗？我们不知道，不过不可否认的是，世界的变化速度超出我们的想象，我们正在经历深刻的变革，甚至正在经历一个罕见的时代：经济、环境、地缘政治、社会和技术在同时发生快速而急剧的变革，随之而来的第二轮、第三轮、第四轮乃至更多轮效应会影响到所有领域。我们尚无法判断这场变革的最终方向，这主要是因为受限于本书概念性框架中的两大核心概念：复杂性和速度。

复杂性

在研究本书内容和开展访谈的过程中，"复杂性"一词频频出现在受访者口中，并经常被视作导致世界形势难以理解的原因。在私下会谈中，有政策制定者坦言"感到有点迷失"或者"对于发生的事情摸不着头脑"。出现这种现象是可以理解的：复杂性给我们的知识和理解力带来了局限性。面对日益增加的复杂性，决策者感到无所适从，难以做出最恰当、最明智或最科学的决策。决策者面对的困境同样也困扰着我们普通人。莫塞斯·奈姆（Moisés Naím）对此有精彩论述："我现在很喜欢西班牙著名哲学家和思想家何塞·奥尔特加-加塞特（José Ortega y Gasset）在20世纪30年代说过的一句话，他说'我们不知道正在发生的一切'，这也正是我们当前面临的状况。我们知道各种各样的剧烈变化和重大的社会变革正在影响我们，比如气候变化影响了家庭、工作、员工、客户、同事、社区和社会，我们的生活方式将因此而改变。但是我们不知道自己将走向何方。"[11] 问题的源头正是复杂性，它让我们所有人感到困惑。

如果用最简单的话来解释，复杂性是指"我们不理解或感到难以理解的一切"。如果用心理学家赫伯特·西蒙（Herbert Simon）的话来表示，一个复杂的系统"由大量组成部分构成，这些组成部分通过非简单方式相互作用"[12]。在复杂的系统中，各个要素之间通常没有明显的因果联系，因而不可能对其进行预测。我们凭直觉认为，一个系统越复杂，我们就越难以理解和控制它，因而出现错误、发生问题的概率就会增加，并且影响会更容易蔓延开来。[13]

复杂性大概可以用三个标准来衡量：（1）一个系统中的信息含量或组成部分的数量；（2）这些信息或组成部分之间的互联性，即相互响应的态势；（3）非线性效应（非线性要素通常被称作"拐点"。本章第3节将结合气候变化的背景详细探讨这一问题）。非线性是复杂性的一个关键特征，它意味着系统中某个环节的变化会引起其他环节令人惊讶的巨大改变。"黑天鹅"、"已知的未知数"和"蝴蝶效应"就形象地描述了非线性特征。因此，许多人在叙述当今世界状况或解释当今世界的复杂性时，自然就会使用"惊讶"、"动荡"、"波动"或"不确定性"这样的表述了。

短短几十年，信息量以及信息之间的互联性大幅增加，使我们运作的各项系统（社会和经济系统、治理系统、社会契约、金融市场和供应链等）比以往更加复杂。它们都属于"复杂适应系统"，其特性并非一成不变，无法用适合天文学或物理学等自然科学的优雅、可预测的数学形式来表达。在充满生机的宇宙中，各类系统必须被看作能够彼此互动的复杂适应系统。我们的社会、经济、政治体系和所有制度共同构成了相互依存、互联互通的"复杂世界"。这些系统之所以具有适应性，是因为其行为是由人与人之间的相互作用推动产生的。人类为了响应事件，必须适应不断变化的形势（因此就会改变最初的形势）。许多模型，尤其是经济模型，让我们相信人类在适应形势的过程中采用了一种理性的方式，而这种方式在漫长的历史中保持了恒定不变。事实远非如此！我们做出决策的动力并不总是利益最大化，我们的"偏好"也并不总是稳定不变，而是时刻在变动之中。经济人始终通过效用最大化追逐自我利益，这种形象实际是一种讽刺。作为人类，我们的行为还受到同理心和慷慨之心等品质的激励，我们的决策通常也建立在恐惧、惊讶或快乐等情感的基础之上。既然复杂适应系统的"行为"是在各节点（组织、制度和我们人类）的相互作用下推动产生的，那么这些行为就有可能在面临压力的情况下变得混乱和"难以控制"。简言之，复杂适应系统完全就是一团糟！这些系统拥有很多相互矛盾的特点，它们既稳健又脆弱。所有的自适应系统都会呈现"拐点"特征，这就表示节点之间的互联能够有效吸收冲击，但过了特定的关键阶段后，又会强化这种冲击，并带来更多问题。此外，压力之下的反馈效应能以极快的速度强化系统脆弱性。2008年金融危机和新冠肺炎疫情期间产生的巨大系统性冲击就说明了这一点。2008年9月雷曼兄弟倒闭之后，出现了资产低价抛售的现象，随后又出现了流动性不足的问题。而在新冠肺炎疫情期间，病毒的传播速度如此之快，以至引起发病率呈指数级增长，几乎中断了一切系统的运行。我们从这些事件得出的结论是：复杂性越高，不确定性就越大。复杂性会增加不确定性，很难暴露链条中的薄弱环节。

复杂性科学跨越多个学科，它结合了数学、计算机科学、生物学、物理学、心理学、经济学、生态学、流行病学和其他学科，打破了学科之间的人为界限。圣菲研究所主席、复杂性科学教授大卫·克拉考尔（David Krakauer）在接受我们的访谈时表示，有一系列概念能帮助我们理解为什么"当前世界充满了复杂的因果关系"。这些概念相对较新，我们将这些相互关联的概念称为可传递性、传染性或级联效应，对传染病的研究让我们更加熟悉这些概念（新冠肺炎疫情让所有人都知道了这些概念）。此外还有其他概念，如拐点、临界点、扩展现象、集体智慧和群体智能等。许多概念在过去几十年中已经出现，它们能够帮助我们理解世界，但仍然属于新的概念。从复杂适应系统中衍生出来的许多相互关联的概念非常有用，但对于它们如何关联我们却尚未可知。它们构成了更加系统的理论，这或许有助于我们全面了解复杂现实。[14] 在本书中，我们经常会提及这些概念，因为它们最能帮助解释当前形势。同样，我们必须将这些概念纳入本书的概念性框架中，因为只有它们才能解释混乱不堪或模糊不定的未来形势。正如未来学家艾米·扎尔曼（Amy Zalman）所言："人类正进入一个混乱而难以名状的时代，许多变化会同时发生。或许，乌托邦和反乌托邦将同时呈现在我们面前。"

速度

一切都在变化，速度远甚以往，因为技术进步和全球化带来了即时文化。在我们生活的现实社会中，一切需求都在一瞬间产生，又在一瞬间得到满足。最后，我们总是感受到时间紧迫，抱怨不断加快的生活节奏。从"准时制"供应链（被新冠肺炎疫情打破）到"高频交易"，从闪电约会到快餐，新的即时文化痴迷于追求速度，全面渗透我们的生活，影响无处不在，以致一些专家将这种现象称为"紧急命令"。[15] 由此导致的一个普遍结果是，一个产品或想法的有效期、首席执行官的任职周期或项目生命周期都急剧缩短，并且往往变得难以预测。此外，这种文化还会给人留下一种印象：全球事件纷至沓来，速度之快，让我们的认知难以跟上，导致我们无法理解发生的一切。生活中漫天的"噪声"更是加剧了这种混乱感。与40年前出现的24小时电视新闻节目相比，今天的社交媒体和其他数字渠道提供的海量信息和源源不断的新闻资讯对我们进行狂轰滥炸，无休无止地给我们带来各种提醒和通知，这通常降低而不是增强了我们的理解能力。我们掌握的信息和分析结果如此之多，以至难以了解如何有效吸收利用这些信息。除了多种极端表现形式，速度过快还会产生反常作用。比如，"不耐烦"和不合理的预期会影响许多社会组织的行为：金融市场的参与者沉迷于动量交易（依靠速度取胜）；选民希望他们选出的政治领导人立马兑现竞选承诺；消费者在线下单后，如果几个小时内快递未送上门，就会感到心烦意乱，好像购买的一本书、一件衣服或一个真空吸尘器没有在4小时后到货而是在12小时后到货，就会改变生命意义似的！

在惊人加快的速度背后，一个根本的原因无疑是科技和数字互联。今天，超过60%的世界人口已成为网民，而在2015年甚至20年前，网民的比例分别只有42%和不到8%。截至2021年底，超过80%的世界人口人均拥有一部智能手机。有57%的人活跃在社交媒体上，而在北美地区，这一比例更是高达80%以上。速度加快可能还要归因于"稀缺性"：随着社会富裕程度不断提高，时间变得愈发宝贵，因此更加被视为稀缺资源。相关研究显示，富裕城市的市民要比贫穷城市的市民走路更快，富人也比穷人走路更快。不管这当中存在何种关联性，其带来的后果是显而易见的：我们时刻面临快速变革。变化无处不在。无论是社会冲突、技术创新、地缘政治动荡，还是金融危机或新冠肺炎疫情这样的冲击性事件，万事万物都在快速演变，往往快到让我们大吃一惊。到2021年底，很多变化已经非常明显。不论是供应链的突然中断、通货膨胀的再次来袭、全球能源危机的到来，还是新冠肺炎疫情在欧洲卷土重来，这些重大事件在最初发生时都让我们猝不及防，并且速度超出了大多数分析人士和社会公众的预期。此类显而易见的急速变化常常是指数级增长的结果。我们习惯（错误地）把指数级增长等同于快速增长，但实际上两者是不同的。"快速"意味着高速度，而"指数级增长"更多是指加速演变。简单来说，如果存在固定的时间倍增，就会出现指数级增长，即随着时间的增加而加速增长。大流行通常都会遵循这样的演变规律（病毒以惊人的速度传播，感染率在短短几天内会翻番。2020年3月，新冠肺炎疫情的传播就呈现了这样的特点）。当前，这一规律也适用于技术进步。[16] 指数级增长难以把握、令人困惑，超出了我们的认知范畴，因此我们采取的对策通常是"视而不见"[17]，认为其不过是"非常快速"的增长而已。然而，早在1975年进行的一次著名的实验中，两位心理学家就发现在指数测定过程中，我们的预期通常不及实际的十分之一。[18] 因此，面对突发性事件，我们感到无所适从也就不足为奇了！莫塞斯·奈姆在和我们的对谈中指出："我们虽然能够准确预测趋势，但我们总是错判速度。我们知道哪些变化将改变世界，但长久以来，我们一直低估了变化的速度。"

速度带来了一个重要且影响深远的后果：领导者和决策者

掌握的信息和分析结果比以往更多,但做出决策的时间却更少。速度带来的另一个问题是,处于不同地区的不同组织之间缺乏同步性。政策制定者和商业领袖不可避免地需要时间进行决策,他们必须考虑不同区域,权衡多方利益。相比之下,非国家和非企业主体,包括社会组织、活动家、交易商或选民等,几乎可以瞬时响应已发生或未发生的事情。这种节奏上的差异是惊人的。在实行自由主义的民主社会,这是一个特别麻烦的问题,因为选举周期会给它们带来巨大的不确定性。从世界范围或者宏观角度来看,我们现在期待一切不仅要加速,而且要向好的方向加速。这种期待会造成内卷,带来隔阂感,并让我们始终处于不安或不适之中。

2.2_ 经济

在 2020 年至 2021 年的大部分时间里,唯一能阻止全球经济滑向深渊的是政府决策。新冠肺炎疫情摧毁了持续几十年的主流经济政策,促使政策制定者放弃紧缩政策,寻求走出疫情困境的出路。有些国家采取了"不惜一切代价,创新思路,实施大规模财政和货币政策"[19]的措施。在富裕国家,政府和央行决心实行非常规的宽松财政和货币政策,再加上有效开展了疫苗接种(这也说明经济学和流行病学无法割裂),因此取得了显著成效。[20]尽管疫情之后全球GDP出现大幅下滑，但经济合作与发展组织成员国预计会率先实现经济复苏。在发展中国家和大多数新兴市场，情况则截然不同，形势异常严峻。由于会冲击货币和带来通胀风险，它们实施扩张性政策的空间十分有限，因此能获得的货币和财政支持非常少。此外，这些国家的疫苗供应也严重不足。在发展中国家，疫情带来的危害更加严重，影响也更加深远。从全球范围来看，疫后复苏的代价是债务总额占GDP比重急剧上升，为未来经济增长留下隐患，为未来债务危机埋下祸根。全球复苏将是一个不平衡、不确定的漫长过程。

增长

经济增长至关重要，它既能衡量经济发展成功与否，又能推动人类进步。原则上，一个国家发展越快，就越能充分释放经济、社会和人力潜力。因此政府首脑、公共部门官员和政界人士总是面临压力，得想方设法促进经济更快增长。

截至2021年底本书撰写完成时，发达经济体的经济增速已开始反弹，大多数新兴市场和发展中国家的情况更是如此。当疫情导致的经济复苏进程结束，经济反弹的活力逐渐消退时，全球经济增长可能又会回到2020年之前那种疲软的状态。在可预见的未来，出于几个现实原因，全球经济增速将低于以往。这些原因包括（不按特定顺序排列）：全球人口老龄化、社会不平等、全球化的局部倒退及其带来的供应链危机、高负债水平、地缘政治冲突和中国经济增速不可避免地趋缓。这些因素通常会相互交织、相互强化，限制未来的经济增长。[21]

然而，我们用什么来衡量经济增长，又渴望实现怎样的增长呢？新冠肺炎疫情以及2008年的全球金融危机表明，仅仅用GDP来衡量经济发展是不够的。GDP可以衡量共同繁荣和全球经济进步，但国际社会日益达成的共识是GDP不能覆盖一些更重要的方面，包括气候行动、可持续发展、包容性、全球合作、健康和社会福祉等。虽然经济学家和决策者承认各国需要经济增长来摆脱新冠肺炎疫情的冲击，但他们也希望在确保经济高质量增长的同时，实现人类发展、社会进步和环境健康。因此他们渴望用一种新的衡量工具来评估人类生产和消费决策对自然环境的影响，既能体现对儿童看护和志愿者活动等社会工作的重要贡献（无法用金钱来衡量），又能兼顾经济效益的分配方式。这些方面是无法通过GDP来体现的。

最早提出用更好的人类进步指标来取代或补充GDP的是经济学家西蒙·库兹涅茨（Simon Kuznets）。他在"二战"前夕首创"GDP"概念，但很快意识到这一概念并不能涵盖社会福祉。罗伯特·肯尼迪在几十年后指出，GDP衡量一切，但

"无法涵盖那些让生命有意义的因素",包括健康、教育和儿童福利等。[22] 自此,各国不断探寻能够代替 GDP 的指标,比如不丹提出的"国民幸福指数",马来西亚提出的"生活质量指数""真实发展指数",经合组织认可的"美好生活指数"[23] 和"同一个地球资产负债表项目"[24] 等。所有这些提议都旨在采取不同的方法,用社会、环境因素补充甚至取代 GDP 指标。

虽然此类努力仍在继续,但用人均 GDP(平均每个人创造的 GDP)来代替总量 GDP 可能是最好的办法。人均 GDP 反映了一个被大多数替代性方法忽视的关键现象:有些国家的人口下降了。日本就是一个典型的案例。日本常常被描述为一个没有希望的国家,因为日本同时面临人口下降和增长停滞两大问题。但是如果将人口结构纳入统计数据,将总量 GDP 转化为人均 GDP,我们就会发现日本的发展要好于大多数国家。日本的人均 GDP 一直在高位上保持增长,并且自 2007 年以来,适龄劳动人口实际的人均 GDP(这个定义比人均 GDP 的范畴还要窄)增速超出了七国集团的其他国家。

随着世界各国进入老龄化社会,越来越多的国家经历了人口的负增长,人均 GDP 将成为最好的衡量指标:如果人口降幅大于总量 GDP 降幅,那么即使出现经济衰退,人均 GDP 仍有可能呈上升趋势,这或许表明实际情况没有预想的那么糟糕。主张使用人均 GDP 这一指标的理由在于,它往往代表着一个国家采取的措施有助于大力提高该国的生活满意度（幸福指数），比如更高的预期寿命、更有效的社会保障、更低的婴儿死亡率和贫困率、更少的空气污染和腐败问题等。这些已经得到一年一度的《世界幸福报告》的证实。[25] 根据最新发布的报告，在排名前二十五的国家中，只有一个国家（哥斯达黎加）的人均 GDP 不足 15 000 美元；而排在后六十名的国家中，没有一个国家的人均 GDP 超过 15 000 美元。

未来数年，不管上述潜在的替代性指标进展如何，许多领导者仍然会痴迷于追求 GDP 的最大涨幅，因此 GDP 仍将影响大多数经济决策。然而一个不可逆转的趋势是，各国将日益注重用不同的视角来衡量进步，并且会更加重视保护 GDP 之外的衡量要素（比如生物多样性和社会凝聚力等）。有鉴于此，我们至少在富裕国家会逐步认同下述观点：GDP 增速稍微降低一些并不意味着灾难，对于那些在环境和社会衡量指标上表现良好的国家更是如此（因为这代表着它们的经济发展更加"均衡"、更有质量）。我们甚至会发现在这样的情境下会生活得很幸福！这并不是一个反问句。大家可以试想一下愿意生活在下列哪一个国家：第一个国家实施严格的环保标准，GDP增速中规中矩，但是人们的主观感受（幸福感）始终处于世界领先地位；第二个国家的 GDP 增速平均要高出 1~2 个百分点，但在环境和社会领域评分较低。具体来说，你是喜欢环境良好、社会稳定、GDP 增速只有 2% 的国家，还是喜欢污染严重、社会凝聚力差但 GDP 增速高达 4% 的国家呢？举一个典型的例子，日本很高的人均生活水准和国民幸福指数就为我们提供了有益的参考：即便在 GDP 基本不增长（但仍然保持着体面的人均 GDP 增速）的情况下，日本民众的期待值仍然很高。在和我们的对谈中，山口周（Shu Yamaguchi）将这种情况称为"文明的完成"，并补充表示："我希望将日本称为'高原社会'，而不是'上升型社会'。20 世纪的日本曾是一个上升型社会，不断翻山越岭，努力赶超美国和英国。那时的日本社会经济体系运转良好，但这种情形已不复存在。这并非停滞不前，而是完成了现代化进程。"[26] 一些富人的消费习惯就体现了这一点，他们摒弃炫耀性消费和物质积累，转而追求全新的身份标识，比如注重体验而不是购买具体的商品——从音乐会到烹饪课或长途旅行（通常有明确的目的），再到生产率难以继续提高的服务行业（"不可交易"的服务部门）等。[27] 这些体验活动对提高 GDP 效果有限，但却是社会进步的标志。

　　贫困国家（以及大多数发展中国家）的情况则截然不同。对于这些国家来说，GDP 的增长仍然非常重要。经济学家丹碧莎·莫友（Dambisa Moyo）指出：

我们应当特别关注那些在不经意间对穷国持偏见态度

的政策。或许我是错的，但我怀疑那些认为我们应当降低生活水准的人都是已经富裕起来的人。如果没有能源、医疗或教育，那么下一代人很有可能非常贫困，这是新兴市场的真实状况，目前世界90%的人口生活在这些国家。提倡发展的主张仍然极具吸引力。[28]

公共债务

过去40年中，世界各国的债务无论从规模、发展速度还是覆盖范围来看，都达到了历史最高水平。2021年，在新冠肺炎疫情的强烈冲击下，全球债务总量增加了两倍，达到了GDP的350%，其中仅公共债务就接近GDP的100%。自新冠肺炎疫情暴发以来，世界各国政府已经累计拨付了17万亿美元（相当于全球GDP的16%）的财政资金，而各国央行的资产负债规模总共扩大了近8万亿美元。因此，我们很难判断政府债务达到哪种水平会带来问题。最新的政策显示，关键的问题不在于"债务的规模"，而是在于"债务的用途"。显然，为了防止社会经济崩溃而产生的公共债务，截然不同于那些为了支持无效政策议程而导致的公共债务。或许正因如此，人们才能容忍创下历史新高的公共债务水平，市场目前似乎并未出现担忧的情绪。政府债务不可能在未引起重大问题的情形下无限扩张下去，最终一定会出现三种结果：（1）促进经济增长；（2）刺激通货膨胀；（3）造成债务违约。作为一种紧急方案，债务货币化最多维持在目前水平。鉴于上述提及的各种原因，除了提高生产率（下文将阐述这一可能性），适度规模的高增长并不一定会发生。如果不能实现长期稳健增长，那么就可能会出现低增长、高通胀并存的恶劣局面。在新兴市场和发展中经济体中，同时发生通胀和债务违约的风险最高。[29]

通货膨胀（或者未发生通货膨胀）在公共债务累积的过程中扮演着关键角色。由于已经多年未出现通货膨胀，各国央行不仅容忍了不断增加的财政赤字，而且助推财政赤字的增加。随着政府在不增加税收的情况下扩大开支，它们就会通过发行债券为产生的财政赤字买单。反过来，为了实施量化宽松的政策，各国央行从投资者手中购买这些债券，以降低政府借债的利息。正如经济学家塞巴斯蒂安·马拉比（Sebastian Mallaby）在《神奇货币的时代》一文中指出："粗略地讲，财政部向自己国家的央行出售债务就相当于自己向自己借钱。央行模糊了货币政策和财政政策的界限，而财政当局也部分受益于央行的炼金术。"[30]

当前，全球公共债务达到了"二战"以来的峰值，央行的资产负债表也达到了战时规模，这使财政政策和货币政策回归正常变得十分困难，将给"决策者带来艰巨的挑战"[31]，在通货膨胀再次来袭的背景下，这一问题显得尤为严重。当利息开始上升，债务的可持续性会立刻面临风险：政府的偿债成本会大幅攀升。

在增长放缓、债务上升的背景下，世界将走向何方？在诸多影响中，有四个方面最为突出：第一，国家之间的趋同性终止；第二，通货膨胀再次来袭；第三，生产率再次提高；第四，加密货币强势出现。前两个将产生很大的问题，第三个将给我们带来希望，第四个则揭示了我们必须面对的重大未知和不确定性。

第一，富国和穷国之间趋同性的终止可能是暂时性的，也可能成为后疫情时代经济格局的系统性特征。目前来看，一个可以确定的趋势是，世界经济的疫后复苏将是不平衡的。大多数新兴市场国家和发展中国家的发展前景要远逊于发达国家，这种相互背离的情形将会形成"双轨复苏"的全球经济局面。国际货币基金组织等机构曾预计发达国家到2022年将恢复至疫情前的GDP水平，然后便会小幅超越，而世界其他地区的经济发展至少在2025年以前都会远远落后于这一趋势。有两大原因可以解释这一脱节现象：一是疫苗接种差异，二是财政和货币政策支持力度的差距。就第一点而言，截至2021年10月，发达国家近60%的民众已接种新冠疫苗，而新兴经济体的这一比例仅为36%，最贫困国家的这一数据更是只有可怜的5%。这就意味着只有发达国家民众的生活开始恢复"常态"。从第二点来看，大多数新兴市场国家和几乎所有的发展中国家基本没有足够的财政政策空间，难以应对新冠肺炎疫情带来的负面冲击。一些国家曾推出扩张性的财政政策，但造成了资本的外流、汇率的剧烈波动和通货膨胀水平的上升。更糟糕的是，由于债权人担心危机不断恶化，不愿意提供贷款展期，因此导致这些国家难以维持现有的债务水平。在疫情暴发后的最初几个月，90多个国家请求国际货币基金组织施以援手。展望未来，如果美国采取紧缩政策，很可能会导致新兴市场大量资本外逃，进而导致资本成本增加。连锁反应几乎不可避免：发展中国家的麻烦也会影响发达国家。双方在发展过程中越是相互背离（而不是趋同），因传染效应引发金融动荡的风险就越大，进而越容易出现不可控制的移民和地缘政治冲突。

第二，大多数分析人士和决策者都未能预料到2021年第三季度通货膨胀会再次来袭。在2020年衰退的基础上，全球经济出现强势反弹（反弹幅度创80年来新高），但同时伴随着全球通胀水平的快速上升。绝大多数的政策制定者、分析人士和市场主体最初都以为这只是暂时现象，认为通胀是因为经济复苏引发了需求强劲增长，而供应链尚未对此做出快速调整。因此，货币政策未能及时应对通胀带来的供应冲击，央行决定"静观其变"。结果，通胀的强度和周期均超出各方最初的预期。如果薪资压力在高收入国家成为现实（到本书出版时很可能会出现这种情况），那么会导致工资—价格螺旋式上升，这将成为各国央行的噩梦。截至2021年12月中旬本书撰写完成时，通胀压力在世界各国不断攀升，导致美国等几个系统性重要国家和许多新兴国家没有足够的空间，来继续实施宽松的货币政策和维持极低的利率。2021年12月15日，美联储主席杰罗姆·鲍威尔（Jerome Powell）宣布，美联储将采取更加激进的政策应对再次来袭的通货膨胀。如果疫情持续更长时间，引起供应链的进一步中断，带来更大的通胀压力，滞胀（低增长、高通胀）风险就会变成最让人担心的问题，进而危及全球经济复苏进程。

第三，过去15年的主要特点是所谓的"生产率悖论"：科技进步明显，但生产率停滞不前，有些发达经济体甚至出现了倒退。然而，斯坦福大学教授埃里克·布莱恩约弗森（Erik Brynjolfsson）坚称："生产力繁荣正在到来。"[32] 如果他所言非虚，生产率得以再次提高，那对于经济增长无疑是绝好的消息。经济学家保罗·克鲁格曼（Paul Krugman）有个著名的观点："生产率并非一切，但从长远看，它几乎就是一切。一个国家能否持续提高生活水准，基本取决于该国能否提高每个劳动力的产出。"[33] 在疫情的"助推"下，生产率似乎终于迎来了爆发。美国、欧洲和日本的数据显示，全要素生产率增长了 2% 以上。全要素生产率是衡量生产率的通用方式，本质上关注用更少的资源实现更多的产出。对此，最有可能的解释是疫情期间相关国家提高了科技的接受度和数字化、自动化等技术的应用程度。2021 年下半年出现了劳动力短缺，这不仅有助于维持生产率的增长，而且能迫使企业加大创新力度，从而进一步刺激生产率的增长。既然经济增长水平和生产率的变化以及劳动力的变化存在强关联，那么生产率的潜在提高无疑将为经济增长带来福音，在世界大多数地区劳动力不断缩减的背景下尤其如此。

第四，面对加密货币以及金融科技快速、强势崛起，经济发展受困于错综复杂的技术创新，很难确定其中的因果关联，也难以洞察技术的潜在应用及其对政策的影响。分析报告和媒体报道给人的印象是法定货币已经在和加密货币展开竞争，因为个人和机构已经能够持有电子钱包，可以任意选择加密资产。正如帕拉格·卡纳（Parag Khanna）指出：

我们即将迎来全球货币竞争的时代。即使在本国公民中，各国货币也必须时刻争取在个人投资组合中的位置。例如，数字日元将在全球竞争中迎头碰上瑞士法郎、巴西雷亚尔和拥有开放式资本账户的其他资产，包括比特币。每个人随时都会变成货币交易员。在此背景下，只有最优秀的法定货币或加密货币才能被所有人持有。[34]

正如卡纳所暗示的那样，政府支持的加密货币也可能会彼此展开竞争。如果是这样，加密货币与法定货币之间的界限就会模糊，并以一种无法预测的方式，一举改变金融体系，影响金融稳定和传统货币政策。

目前，货币管理当局和私人机构都在发行加密货币，将其作为可行的主流支付工具。政府和中央银行在试验"政府数字货币"（govcoins）或"中央银行数字货币"（CBDC），而私人发行机构则尝试开发"稳定币"（stablecoins）——价值与基础资产价值绑定的加密货币。政府数字货币和稳定币的发展路径和结局依然是未知数，但其最终命运可能取决于应用程度，尤其取决于监管力度（国家的力量）。唯一可以确定的是，它们将会给经济、社会和地缘政治带来巨大的影响。我们将来还会使用现金吗？加密货币是否会侵犯个人隐私？这些货币又将如何重新定义科技在日常生活中的作用？它们如何影响货币政策的效果？它们能促进普惠金融吗？加密货币能否推进环境目标以及相应的环保政策？这些货币是否会加速美元的衰落？它们会成为地缘政治霸权的工具吗？诸如此类的许多问题，我们尚无法给出明确的回答。

经济、环境、地缘政治、社会和技术问题相互交织，不断拓展我们的未知边界。此外，瞬息万变的形势不仅会限制我们的理解能力，也会影响政策应对能力，使其难以应对出现的各种挑战。大变局即将发生。这既有积极的一面，也有消极的一面，但无论哪一面，都会带来重大影响。

2.3_ 环境

目前，我们显然无力消除严重的环境和气候危机（实际上是同一种危机，因为自然和气候紧密互联），甚至也做不到控制这一危机。这是迄今为止人类面临的最严重的集体行动困境。[35] 与防止生态系统崩塌和稳定气候相比，人类从未面临如此复杂、宏大和具有深远意义的任务。

事实和科学

早在 50 多年前，我们就对全球气候变暖有所了解。一些行业几十年来早就发现气候变暖的风险，但是选择了视而不见。20 世纪 70 年代，一些科学家和专家开始公开警告人类面临的气候风险。一些重要的里程碑事件表明，早在 30 年前，国际社会就意识到了气候变化带来的风险,并愿意致力于解决这一问题。[36] 1992年,130多个国家在里约热内卢地球峰会上签署了《联合国气候变化框架公约》。1997年,36个富裕国家在日本东京制定了减排目标。2015年,《巴黎协定》签约国一致同意将全球气温升幅控制在2℃以内,但所有这些努力(几乎)都是徒劳的。联合国在2021年10月发布的一份权威报告称:"迄今为止的气候行动尽是虚弱无力的承诺,从未真正实现目标。"[37] 令人遗憾的是,《联合国气候变化框架公约》第26次缔约方大会的成果也未能改变上述判断。大会达成的积极举措令人鼓舞,但不足以应对气候变化这项规模宏大的挑战。

根据联合国发布的年度《排放差距报告》,碳减排行动仍然落后于我们的共同承诺。当前的国家承诺(截至2021年10月底,即《联合国气候变化框架公约》第26次缔约方大会前夕)仅仅完成了2030年以前减排目标的7.5%。这是远远不够的。为了实现《巴黎协定》规定的将气温升幅控制在1.5℃~2℃的目标,我们还必须做出更加雄心勃勃的承诺。正如联合国报告所述,要想以最低成本达成2℃的情景,我们就必须在2030年以前减排30%;要实现1.5℃的情景,我们就必须在2030年以前减排55%。撰写报告的科学家预计,如果各国只是完成无条件的国家自主贡献[38],全球气温到21世纪末很可能将升高 2.7℃左右。在《联合国气候变化框架公约》第 26 次缔约方大会期间，联合国根据各国最新做出的承诺对形势进行了全新的评估，结果仍然不能改变上述预期。第 26 次缔约方大会闭幕不久，气候行动追踪组织发布了一份报告，结果也无法改变这一预期。[39] 欧盟专员弗兰斯·蒂默曼斯（Franz Timmermans）总结指出："真相就是我们尚未抵达预定的位置，甚至还有很远的距离。"[40] 当然，许多企业在环境、社会和公司治理（ESG）领域不断发力，做出了额外的净零排放承诺，这也有望将全球气温升幅再降低 0.5℃，但它们的承诺模糊不清，通常是基于不可靠的数据和科学，无法按时实施，并不总是能纳入国家自主贡献，而且几乎都没什么约束力。用贝莱德集团负责可持续投资事务的前首席投资官塔里克·范西（Tariq Fancy）的话来说，在解决这个有史以来最严重的市场失灵问题方面，上述承诺只能产生"可以忽略不计的影响"[41]。形势瞬息万变，金融行业希望推翻上述预测，但绝大多数的科学家还是认同这一悲观预期：到 21 世纪末，全球气温预计上升 2.7℃左右。还有一些科学家更为悲观。《自然》杂志近期开展的一项调查显示，联合国政府间气候变化专门委员会（IPCC）气候评估报告的多位作者认为，到 21 世纪末，全球气温预计至少升高 3℃。[42] 同时还预计，有生之年我们可能会看到气候变化带来的灾难性后果。

总的来说，专家和科学家从未如此清晰地分析和评估人类社会面临的生存威胁。"这一点毋庸置疑"——这是联合国政府间气候变化专门委员会最新报告（第六次气候评估报告）开篇第一句话。"人类活动已经使大气、海洋和陆地变暖，这是毋庸置疑的。大气、海洋、冰雪圈和生物圈已经发生了广泛而快速的变化。"[43] 截至目前，我们每个人都已经能明显感受到气候变化。极端天气事件在世界各地频繁发生（已快速成为一种常态），千年一遇的大洪水、森林大火、致命热浪和强飓风等气象灾害时有发生。数据说明一切。世界气象组织近期报告称，气候变化引发的灾害数量在过去50年中增加了500%，造成了价值3.64万亿美元的损失，夺走了200万人的生命，尤其给贫困国家带来了巨大影响。[44] 科学界已基本达成共识：这一切还只是开始，未来数年的气候变化还将更加严重。我们所有人将要面临的不只是急剧和猛烈的变革，更是威胁人类生存的灾难。我们已经无路可退。

在与我们的访谈中，约翰·罗克斯特伦（Johan Rockström）提出了"大叙事"，值得我们大段引用，因为他以非常严肃而巧妙的方式介绍了这一问题的严重性和紧迫性，并且阐述了"无路可退"的重大影响：

> 很不幸的是，当你把来自各个学科领域的证据放在一

起时，你就得承认我们现在必须回答下列问题：整个地球是否正面临不稳定的风险？也就是说，我们是否正在破坏人类赖以生存的生命支持系统？我们是否正在推动地球远离自最后一个冰川时代以来一直保持的超级稳定的状态（正是这种状态维持了人类文明的发展和繁荣）？我关注的焦点是，如何在一个稳定和强韧的地球上，为人类界定一个安全的活动空间。这就是我想说的大叙事：我们目前处于人类世的中期，人类是推动变革的主导力量，因此必须和地球重新建立连接，成为地球的守护者，必须认识到地球拥有无法改变的边界。人类要创造的未来就是成功、平等和繁荣。所有这些理想都要在一个稳定、安全的地球空间内实现。我们面临的巨大挑战在于重新创建一个安全的地球环境。……我们确实面临着一场生存危机，不是说人类社会明天就要崩塌，最大的风险是我们已经进入决定人类在地球未来的关键十年。这是一份牵动人心的声明，也是关乎人类存亡的宣言。那么，这是否意味着如果我们未能采取有效行动，就会在2031年1月1日这一天走入绝境呢？不是。真正重要的是，我们已经非常接近一个无路可退的临界点，我们很可能会越过这一临界点，引发不可逆转的变化。地球不一定会立刻陷入绝境，但是会不可逆转地走向一种全新的状态——一种再也不能支撑现代人类社会的状态。或许100年、200年或300年后，40%的地球陆地面积已不适宜居住，海平面已经上升了10米，各种极端天气事件、火灾和疾病会频频发生。如果各种危机全面爆发，人类将进入相当长的痛苦历程。但关键是，据我们目前所了解的科学知识，我们能够在未来十年决定人类选择什么样的道路：是让子孙后代走上这条险象环生、逐渐消亡的道路呢，还是脱离目前困境，维持稳定的地球生态，带领人类走向新的未来呢？这将是迫在眉睫的选择。

这也是为什么我认为地球正面临紧急状态。紧急状态是指我们面临一场灾难性风险，但只是面临这样的风险并不代表就是一种紧急状态。只有在时间不足、风险的影响被成倍放大的情况下，我们才进入紧急状态。几十年来，科学界一直在警告人类将面临灾难性风险，如今我们的时间已所剩无几。全球碳预算已经耗尽，热带雨林正在消失，人类已没有更多的海洋和大气资源可用，也没有更多的温带森林可以依赖。我们不能再继续挑战地球系统的承受极限。我们已经达到一个饱和点。因此，一旦灾难性风险和短暂的窗口期叠加，就会进入紧急状态。打个比方，为什么要呼叫消防队来为房子灭火呢，因为你已经处于紧急万分、千钧一发的危险时刻。长期以来，我们不断展示科学证据，警告2020年将是遏制全球碳排放的最后机会。联合国政府间气候变化专门委员会的第四次和第五次气候评估报告都强调了这一点，但是我们遏制全球碳排放了吗？没有。如今，2020年已成为历史，我们已经进入最关键的十年。我们必须将全球碳排放减半，必须遏制生物多样性丧失，必须终止不可持续的发展道路。这些将决定人类的生死存亡。

不管从本意还是寓意来看，这都是来自专业领域权威科学家的肺腑之言。为了理解气候变化的趋势，我们必须了解"饱和点"和"临界点"的关键区别。前者是指全球大气层中平均二氧化碳含量已经达到地球界限（或叫地球生态红线）。科学告诉我们，当二氧化碳超过350ppm浓度（目前是415ppm浓度）时，大气层就达到了饱和点。达到饱和点就意味着，"我们已经动用了地球系统的全部能力，在不产生影响的情况下消化人类活动引起的压力。我们带来了太大的压力，开采利用了这么多的资源，已经超出地球的承受能力"[45]。相比之下，临界点是一个科学定义，是指一个精确的点或者一个阈值，一旦超过了这个点或阈值，就会发生重大且通常不可逆的变化。一个系统拥有多个稳定状态，每种稳定状态之间有一个阈值，而在系统反馈发生改变的情况下，就有可能超过阈值。比如一个健康的雨林系统受毁林问题的影响，可能会突破临界点，导致植物群落无法再维持森林的水循环生态系统，因此就会出现倒转，成为一片稀树草原。同样，一片稳定的冰盖（或冰川）也可能被"颠覆"，不可逆转地融化形成一个湖泊。如果保持白色（白色表面能够反射太阳光从而保持低温），就相当于形成了正反馈，"但表层冰一旦开始融化，颜色就会加深，并在达到某一个点的时候超过阈值，形成负反馈，导致冰盖自行融化。这就是临界点"。正如罗克斯特伦观察到的那样，我们了解临界点，但我们无法确切把握阈值。然而有证据显示，我们要么正在快速接近一些临界点，要么已经超过了某些临界点。"南极西部冰架已经超过了临界点，北极夏季冰层和热带地区的珊瑚礁也都面临这种情况……。当前最大的风险是大西洋经向翻转环流，伴随着北大西洋、亚马孙热带雨林、西伯利亚冻土带的永冻土温度翻转，大型温带森林爆发小蠹虫害，以及人类能否长期维持格陵兰岛的生态稳定。"

需要采取什么举措？

专家和科学家知道需要采取什么行动来遏制气候变化，或者至少知道如何缓解气候变化，并防止更多临界点的到来。对于气候科学家来说，可以用一句话总结必要的行动举措：尽可能多、尽可能快地减少温室气体排放。实行碳封存也非常必要。他们预计，为了实现《巴黎协定》中提出的将全球气温升幅控制在2℃以内（最好是1.5℃以内）的目标，除了120多个国家此前承诺的国家自主贡献，还必须额外减排17吉吨~20吉吨的二氧化碳和40%的甲烷。[46] 此外，政府间气候变化专门委员会的数据显示，我们需要在21世纪末之前减排1 000亿~10 000亿吨二氧化碳。[47] 但是，经济因素会成为主要障碍。值此关键时刻，我们却很难实施志向如此高远的政策。我们唯一能寄予希望的是，随着气候危机日益加剧，把人类逼入绝境，迫使决策者强力应对，上述政策才能更加容易实施。

气候行动目前可谓步履维艰，这主要有三个原因：第一，缺乏对碳排放的定价；第二，推广低碳技术的工作成效不足；第三，国际气候协定实施架构失灵。[48]

第一，如果不能对世界范围的二氧化碳排放进行定价，脱碳工作就永远不可能获得真正的激励。如果没有明确的价格，政府、企业和消费者就不会大规模改变行为方式。目前，全球碳排放的价格几乎为零（世界银行预计2019年的价格为2美元/吨，而国际货币基金组织预测当前价格为3美元/吨）。许多地方都制订了碳定价计划（规模最大的莫过于欧盟排放交易体系），但都存在不足之处。它们要么确定了相对高的价格，却只涵盖小部分经济活动（比如欧盟只是针对不到一半的经济活动实行碳定价);要么覆盖范围很广但征收的碳税很低(比如美国加利福尼亚州实行的排放限额和交易系统)。为了确保效果,必须针对不同的地区和行业实行统一的碳价,而且价格要足够高,才能真正产生成效。威廉·诺德豪斯(William Nordhaus)预测指出,为了实现将全球气温升幅控制在2℃以内的目标,或在2050年以前实现净零排放,到2030年碳价必须升至300~500美元/吨,到2050年以前继续升至1 000美元/吨。他表示这一预测主要是基于广泛的模型,实现净零排放的许多技术还在发展中,因此目前的预测纯属推测,但是预测的碳价比目前的价格要高出很多(大概高出数百倍)。

第二,低碳技术投资不足是由诺德豪斯所说的"创新激励失调"引起的。由于化石燃料在全球初级能源消耗中的占比仍然高于80%,因此未来40年还需向净零排放领域投入几百万亿美元(大致为100万亿~300万亿美元)。[49] 要实现这些投资,世界各国政府就必须大幅增加对低碳技术的支持。其中有两方面的原因:一是要发展全球零碳经济,就必须替换大部分能源基础设施;反过来,这就要求开发建设目前尚不存在(或几乎不存在)的新型脱碳技术。如此大规模的开发建设离不开政府的强力支持,因为正如诺德豪斯解释说,"和气候变化一样,研发工作也面临着严重的外部效应",绿色创新带来的公共回报要远大于私人利润。原因如下:随着经济收益快速惠及其他企业和未来消费者，绿色投资者和企业家从创新中获得的回报就只占全部回报的很小一部分（碳捕集与封存技术的投资也证明了这一点）。另外，低价碳排放（定价太低）让问题更加严重。因此只能由政府和公共机构开发新型低碳技术和新型能源来源（比如氢能或核聚合能源），这种情况会一直持续，直到结束低价碳排放的状况。政府必须重新平衡各项优先事务，并充分考虑气候紧急状况带来的威胁。诺德豪斯指出，美国政府在2019年向军事系统研发领域投入了600亿美元，而在先进能源和可再生能源方面的投资只有三十分之一（20亿美元）。他认为"这种投入差距的背后是政治考量，但鉴于未来数年人类面临的气候威胁，这一做法缺乏社会逻辑"。

第三，国际气候协定以及关于气候变化的整个国际政策框架都面临"搭便车"问题。个人、企业或国家往往不愿意主动作为，为提供一种公共产品（此处是指一个宜居的地球）做出贡献，但都乐于坐享其成，从中获益。简言之，搭便车者的思维模式是"让别人承担辛苦的部分并为之买单"。正是由于这种心态的存在，过去30年，人类在应对气候变化方面收效甚微。许多国家都希望其他国家率先行动（或许是因为下文所述的"正当"理由），等待别人先完成"艰难的工作"，这就导致各国在国际协定中做出的决策和承诺大打折扣。解决这种"搭便车"问题，传统上存在两类标准的经济措施：一类是通过税务和监管手段强制实施，另一类是激发"搭便车者"的利他主义情绪和社会责任感。但这两种假定的对策均不适用于应对气候变化。无论是《京都议定书》也好，还是《巴黎协定》也罢，这些国际协定的根本性缺陷是缺乏约束力。在《联合国气候变化框架公约》每一届缔约方大会（以及其他国际会议）上做出的所有承诺都很"软弱无力"，甚至往往缺乏兑现这些承诺的实际政策机制。既然是国际社会开始共同应对气候变化，但对于不参与、违背承诺或退出协定（比如美国退出《京都议定书》）等行为却没有任何的惩罚措施，那么这就相当于鼓励了大规模的"搭便车"行为。至于利他主义，各国仍然倾向于将国家利益置于全球利益之上，在应对全球问题时忽略自身的责任，导致的结果就是每个国家的状况都变得更加糟糕。在应对气候变化的全球行动中，这一点表现得特别明显。

一个全面的国际气候政策必须解决上述三大相互依存的问题，既要制定普遍性碳定价机制，构建有效的低碳技术公共支持体系，又要为国际气候协定打造全新的架构。大多数专家和市场参与者认为，如果不能施行系统性甚至是"激进的"改革措施，就不可能实现真正的进步，而只有政府才有能力也有合法的理由来推进这些改革。举例来说，如果不能强制实施有效的全球碳税制度，不能执行一致的环境、社会和公司治理（ESG）标准，不能用一套广泛的监管制度来惩罚恶劣行为，那么按照 ESG 标准开展负责任的投资就"永远只能是幻想"[50]。为此，诚然需要避免粗暴的资本转移，但时间才是关键所在。在等待这一切发生的同时，我们还可以采取哪些措施呢？

在《联合国气候变化框架公约》第 26 次缔约方大会举行前夕，由能源行业领导者组成的全球联盟——能源转型委员会——承诺到 21 世纪中叶实现净零排放，并列举了六大具体行动。如果这些行动能在缔约方大会上获得共识，并在未来十年得以落实，那么仍有可能实现 1.5℃的目标。所有这六大行动都具备技术可行性，并且无须制定全面的国际协定，便能由政府和企业加以推进。这些行动包括：

（1）快速、大幅减少甲烷排放；

（2）遏制毁林问题，开展植树造林；

（3）推动电力行业脱碳，加速淘汰煤炭；

（4）加快实现陆路运输的电气化；

（5）加快实现建筑、重工业和重型运输领域的供应链脱碳；

（6）重振能源和资源效率。[51]

针对这些行动提议，第 26 次缔约方大会达成的结果充其量是喜忧参半：采取了一些积极步骤，尤其是多个国家承诺减少甲烷排放和毁林问题，但总体来看，这些不足以解决迫在眉睫的气候问题。做出的承诺既缺乏约束力，又没有辅以任何切实的行动计划。私营部门的态度更加积极，它们致力于到2050年实现净零排放的目标［格拉斯哥排放金融联盟（GFANZ）[52]已经准备超过130万亿美元的资金，用于推动实现零碳经济］，但只有具备国际碳定价机制、取消化石燃料补贴和规定强制性披露气候相关的财务信息，上述大规模行动才能顺利开展。在缺乏必要政策法规、难以快速引导大规模社会资本进入的情况下，上述几项条件似乎很难在短期内具备。总的来说，目标和行动之间的差距在扩大，气候危机失控的风险也在上升。但从积极的一面来看，正如本章开头所述，社会风潮已发生不可逆转的变化。绝大多数国家和行业已经认识到必须采取果断行动并做出进一步承诺。说起来容易，做起来难。但在活动家、公众舆论以及监管机构的监督之下，他们也将逐渐确保兑现承诺。

气候行动的困境

除了极少数顽固的怀疑分子，几乎人人都会同意尼古拉斯·斯特恩（Nicholas Stern）的观点："在气候问题上，无所作为的代价远大于有所行动的代价。"[53]尽管如此，我们也还是要直言：气候行动是困难和复杂的，甚至是混乱的。

愿景和政策之间的差距为何如此之大？气候行动为何如此

棘手？制定措施和政策来缓解环境退化和气候变化的风险为何如此之难？这当中有两个密不可分的原因：一是实施必要举措本身很难，这通常是最核心的问题；另一个和气候正义以及下列观点有关：当前采取的措施惩罚了那些责任最小的国家，因此有失公平。

从中长期来看，向清洁能源的转型以及为了地球脱碳而启动的多项创新带来了两个重大机遇：支撑"新型增长战略"［乌尔苏拉·冯德莱恩（Ursula von der Leyen）在提出欧洲绿色新政时使用了这一说法］和创造数百万个工作机会。但从短期来说，它们会增加成本和相关的政治风险。由于石油、天然气在全球能源结构中占据主导地位（前文已述），因此向清洁能源转型一开始就会引发经济学家所说的"负面供给冲击"，然后触发能源价格通胀（2021年秋季已经出现明显的通胀）。展望未来，对碳排放实行全球定价绝对是势在必行，因此能源通胀水平将进一步提高。无论碳排放价格定在什么水平（国际货币基金组织预计将从目前的3美元/吨提高至2030年的75美元/吨[54]，远低于诺德豪斯认为的必要水平），碳的成本都会将通胀水平抬升几个百分点，比如英国央行预计英国通胀率将提高0.6~2个百分点。[55]这就会影响到相关国家的财政状况，因为它们必须实施专门计划，来保护贫困民众免受能源通胀的影响，反过来又会加大气候决策的难度。

法国的"黄马甲"运动提醒我们,应对气候变化可能会面临社会动荡。2018 年小幅增加的燃料税严重损害了中低收入劳动者的利益,引发了"黄马甲"危机,因为这些劳动者没有别的选择,只能驾车通勤。这揭示了本章第 5 节强调的一个观点:每一次重大的系统性转型都会产生赢家和输家。能源转型和应对气候变化的行动也不例外。如果不能精心规划气候政策,考虑利益的重新分配、对劳动力市场的影响以及公平性等复杂问题,那么"更关注本月账单而不是世界末日"(这正是"黄马甲"运动的深刻原因)的民众就难以认同这些政策,从而加剧社会不满情绪,激发社会公众对气候行动的反对。

短期阵痛和长期收益之间的时间差导致一些决策者普遍抱有"不要发生在我任期内"("Not in My Term of Office", NIMTOF)的心态。"NIMTOF"这个首字母缩略词是在世界经济论坛全球风险网络成立初期(2005 年)提出的,它描述了一些决策者和商业领袖的立场:履职期间不奉行既定的政策或策略,明知其十分必要,却把接力棒和责任留给继任者。这体现了人性中固有的特点和弱点。一些决策者认为潜在的灾难并非燃眉之急,因此会觉得"到了气候灾难真正祸及人类的时候,我早已不在了,因此我最好还是将任务留给后来者为好"。领导力是指在不确定的环境中进行艰难决策,但是应对气候变化的行动实在是困难重重,带来的影响过于错综复杂,因此对于只有五年任期的政治领导人或任期很少超过五年的企业高管来说，他们"更容易"选择等待，而将这项艰巨的任务交给下一任。

有三类人让领导者和决策者的工作变得更加复杂。这些人要么质疑气候政策的意义，要么因为既得利益而阻止或忽视这些政策。

第一类人没有意识到或者直接否认气候变化的科学逻辑。世界各地开展的多项调查显示，许多人仍然相信不存在人类活动引起的气候变化。在美国，否认气候科学的人最为集中：30%的美国人怀疑根本不存在人类引起的气候变化，10%的美国人声称全球气候并没有发生改变——政治右派人士大多持有这种观点，他们更不相信气候科学，而是认同阴谋论。[56] 世界各地都有人持这一态度，但其他国家的怀疑论者和否定论者普遍少于美国。不过这些人仍然造成了巨大的阻碍，他们助长了极化趋势，甚至延缓了政策的施行。目前，在许多国家，气候变化已成为最容易造成政治分裂的问题之一，这不可避免地加大了政策实施的难度。

第二类人意识到气候变化政策的重要性，但不希望这些政策直接影响他们的生活方式。这种心态是气候领域的"邻避主义"（"Not in My Back Yard"，NIMBY）。为了实现经济脱碳，我们必须用风能、太阳能和其他零碳或低碳能源代替化石燃料，但并不是每一个人都愿意在自家后院见到这些能源。地方报纸报道当地民众对这些新能源的抵制情况，包括一些环保组织的抵制，这些抵制行动阻碍或延缓了新能源的开发。在不了解该案件本身的特点和未通过判决的情况下，我们完全有理由认为，2021年11月美国缅因州投票事件就属于这一类。当时，缅因州投票反对规划中的145英里（约233千米）长的能源输送项目，该项目旨在将来自加拿大的清洁水电输送至新英格兰。反对的原因是人们认为这个项目将会给该州的林区造成巨大影响。[57] 此类问题突出了地方和地区政治领导人面临的复杂取舍：是向清洁能源转型，还是选择保护自然资源？在更广泛的层面上，第26次缔约方大会前夕在10个国家开展的一项调查说明了这一问题，揭示了受访者对于气候变化和环境退化的个人态度。调查发现，全球公民都很担心气候紧急状况，但大多数人认为他们已经比包括政府在内的其他人都采取了更多行动来保护地球，而愿意大幅改变生活方式的人可谓少之又少。超过四分之三（76%）的受访者表示，他们愿意接受更加严格的环境保护规则和监管制度，但近半数（46%）受访者认为他们没有必要切实改变自身的生活习惯。[58]

第三类人是各式各样的"人类掠食者"，他们以合法或非法的手段威胁原住民。原住民生活的地区往往集中了世界上剩余的森林资源以及最健康的生态系统，是用基于自然的解决方案进行碳封存、维持有效生态系统的基本组成部分，但却时刻面临产业农民、矿石商人、伐木工人甚至是动物器官走私者和毒品走私者的威胁。在亚马孙热带雨林和刚果盆地等人类最后的庇护所，这些现象特别严重。

气候正义

不管是从国家的角度（富裕国家、发展中国家和新兴国家），还是从世代的角度（年轻人、未来世代和年老者），或是从财富和收入的角度（富裕的群体和其他群体）分析，对环境退化和气候变化负最小责任的群体却受到最大程度的伤害。[59]

这种根本性的不对称呼唤公平正义的解决方案。本节内容将专门探讨气候变化的历史责任和针对"气候正义"问题的全球对策。气候正义问题解决不好，将会增加气候行动的复杂性与难度。在与我们的访谈中，程子俊先生明确指出了这一点：

> 全球少数派（也就是西方国家）在过去200年的发展过程中排放了绝大多数的温室气体，且目前的排放量仍然要比全球多数派（其他国家）高出许多倍。比如，美国的二氧化碳排放量远超其他任何一个国家：自1751年以来，全球四分之一的二氧化碳排放量来自美国。尽管过去10

年中国的排放量大幅增加，但其人均排放量仍然不到美国的一半。与此同时，撒哈拉以南非洲10亿民众的人均排放量只有美国的二十分之一。如果不能将气候危机的责任明确归于消费过度的少数国家，政治保护就不可避免，无所作为就会被容忍，形势就会继续恶化，直至影响整个地球，而少数派则从中获益。[60]

上述数据显示，我们必须承认历史责任，客观看待1850—2021年的人均碳排放总量。在此期间，加拿大排放量最大（人均1 751吨），紧随其后的是美国（1 547吨）、新西兰（1 388吨）、俄罗斯（1 181吨）和英国（1 100吨）。相比之下，中国和印度同期人均排放量分别为197吨和61吨。[61] 今天，按照绝对数量来看，中国和印度是世界上最大的两个碳排放国，但如果按照相对指标（人均排放量）来看，美国仍高居首位。

这一问题在很大程度上能够解释为什么一些新兴国家认为它们"有权"搭富裕国家的便车。许多决策者和分析人士指出，既然这些国家对当前的气候危机基本不承担历史责任，它们为什么要为了维持低排放量而放弃自身的发展呢？程子俊认为这种全球范围的减排行动是一种"生态殖民主义"，而旨在到2050年实现净零排放的全球议程尤其体现了这一点。在他看来,"国际社会按照国际能源署提出的'2050净零排放'愿景推动实现碳中和的工作具有误导性,也不可能实现。这不是一个切实可行的全球方案",因为它"既依赖市场机制,又依靠快速的技术手段,而这些是针对富裕国家开发出来的,并不适合全球大多数国家(非西方国家)",其原因既有技术方面的,也有政治方面的。他的理由如下:"'2050净零排放'愿景的主要内容是实现从化石燃料向可再生能源的转变、使用碳捕集与封存技术,以及实行碳补偿机制。这些方法或许适合一个国家的部分地区或者适合一个区域(比如欧盟),但不能成为全球方案的一部分,因为全球绝大多数的贫穷国家不可能为了应对气候危机,在未来30年采取这些行动。这些国家需要足够的能源来建设国家,为大多数贫困民众提供基本的生活保障。我们无法通过'2050净零排放'愿景中包含的技术手段,回避或者'跳过'这一问题——既然全球少数发达国家都无法大规模实施减少二氧化碳排放量的相关技术,那么全球大多数国家又如何能够实现呢?"[62]

对于程子俊和许多气候政策评论人士来说,富裕国家和新兴国家之间的这种分歧将会构成一个难以逾越的重大障碍,阻止我们共同寻求气候解决方案,除非用更加积极或"公平"的愿景代替"将我们和他们对立起来"的表述。在程子俊看来,"事实上,在未来数十年,每个国家和地区都会遵循不同的发展轨迹。发达国家将在减少能源消耗和降低排放的背景下，努力平息民众的不满；而发展中国家面对日益严峻的气候变化，将继续努力为民众提供安全保障，满足基本生活需求"。

2.4_ 地缘政治

新冠肺炎疫情加剧了原已明显的地缘政治断层。21世纪很可能是一个没有绝对霸权的世纪，任何一个国家都无法占据绝对主导地位。因此，权力和影响力将在混乱中重新分配，甚至是勉强分配。未来几十年，世界将比过去更加危险和动荡，并以大国竞争的重现为标志，呈现零和游戏（"你死我活"）的特征，如同一场必须击败对手的博弈。多边主义终结、全球责任真空、不同形式的民族主义和民粹主义政权崛起，将使国际社会在危机爆发时更难找到共同点。今天，各国对全球新秩序的期待可谓空前强烈，但视野之内却没有答案，只是混乱地转向更加动荡不安的局面。

本节重点讨论美国和中国之间日益激烈的竞争。地缘政治世界不乏其他许多重要问题，比如反自由主义、民族主义和民粹主义的崛起；网络武器化或者移民问题以及其他形式的混合战争；缺乏有效的国际合作；脆弱和失败的国家增多等。然而，中美之间不断加剧且似乎难以调和的竞争是我们这个时代备受关注的地缘政治问题，原因有两点：一是这种竞争有可能在多个领域产生规模空前的全球影响；二是如果这两个竞争对手之间没有适度的合作，任何全球问题都无法得到实质性解决。中美目前对抗的原因可以用"修昔底德陷阱"[63]的比喻来概括：一个崛起的大国挑战原先的霸主时，不可避免地出现结构性紧张关系。这种对抗将是未来数年全球混乱、无序和不确定性的来源，因为无论"喜欢"美国与否，对美国全球角色的质疑和美国逐渐脱离国际舞台的趋势都必然会加剧国际动荡。许多国家原先依赖美国凭借霸主地位提供的全球公共产品（以打击国际恐怖主义、维护海路安全并解决其他全球问题），现在却不得不自行管理自己的地盘。因此，地缘政治格局将受到"全球治理赤字"的影响。近年中等规模的国家更加强硬地实施自己的行动计划就是这一问题的具体表现，比如土耳其在高加索地区的行动、白俄罗斯在欧盟边境的行动、巴基斯坦在阿富汗的行动或沙特阿拉伯在也门的行动等。尽管这些行动局限在区域之内，却使世界更危险、更混乱，因此不利于全球稳定。展望未来，除非个别国家和国际组织成功找到解决方案，在全球范围内改善合作，否则我们就有可能进入"熵时代"：紧缩、怨恨、分裂、愤怒和狭隘日益决定世界的面貌，使之更难理解，缺失秩序。

由于上述原因，未来几年中美关系的走向将是决定全球地缘政治以及其他领域主要成果的压倒性因素。两国在众多领域相互依存，触及国际事务的最重要方面：气候和环境变化、全球经济增长和金融稳定、国际贸易和投资、冲突和地区动荡、未来科技治理、意识形态领域根深蒂固的冲突、太空主导权竞争等。其中每项重大议题的结果都在很大程度上取决于中美两国合作的能力。但经过长期的战略接触，两个国家似乎已经得出结论：双方最根本的意识形态、政治和战略鸿沟无法弥合。新冠肺炎疫情非但没有将两个大国团结起来，反而加剧了它们之间的竞争和对抗。因此，中美两国正在分道扬镳，尽管经济和金融方面的相互依存表明双方之间完全脱钩将是极其艰难和痛苦的选择。正如从以下两个方面可以说明，彻底脱钩将给双方带来巨大的代价：美国与中国的贸易额超过5 000亿美元，而中国持有超过1万亿美元的美国国债（约占美国主权债务的4%）。同样的逻辑也适用于美国的大多数传统盟友，中国现在已经成为后者的主要贸易伙伴。对于欧盟、日本、韩国、沙特阿拉伯和阿联酋来说，在中国或美国之间"选边站队"几乎不可能。"代价太高，我们无法负担。"一位中东政策制定者向我们坦言。大多数全球公司的商业领袖都会同意这一点。未来数年，他们将竭力跨越鸿沟，以免因此陷入两难境地。

对于现实主义者和其他大国政治的拥护者来说，不断激化的竞争并不意外。政治学家约翰·米尔斯海默（John Mearsheimer）问道："谁能责怪中国寻求成为亚洲的主导力量，并成为世界上最强大的国家？"他补充说：

> 当然不是美国，因为它当年也曾追求类似的目标，崛起成为区域霸主，并最终成为世界上最安全、最有影响力的国家。今天，美国的行为正如现实主义逻辑预测的那样。长期以来，美国反对出现其他区域性霸主，将中国的雄心视为直接威胁，决心遏制中国的持续崛起。于是，竞争和冲突便不可避免。这就是大国政治的悲剧……所有大国（无论何种民主国家）的选择都很有限，只能在本质上的零和游戏中争夺权力。[64]

并非所有人都同意国际事务现实主义学派的这种逻辑，即冲突不可避免。毫无疑问，两个超级大国之间的竞争将愈演愈烈，但武装冲突是否有可能真正爆发？大国很少表达开战的意愿，但历史上有许多例子说明它们是如何陷入战争的。过往的历史经验表明，当主导的大国开始担心和不安时，可能会反应过度和判断失误。同样地，新兴大国可能会因为获取主导地位的前景而有恃无恐，变得过于自信，同样反应过度和判断失误。在与我们的一次谈话中，尼尔·弗格森（Niall Ferguson）指出:"不难预测,若发生一连串事件,或会导致另一场不必要的战争,很可能是台海危机,中国领导人希望收复台湾,而美国(模糊地)承诺保护台湾——随着东亚军事力量平衡的转移,这种承诺越来越缺乏可信度。"清华大学的薛澜则把两国陷入"修昔底德陷阱"的责任归咎于美国。"很久之前,学者们就已经警告过这一潜在陷阱。但美国和中国之间的争端表明,美国国内政治的运作方式使任何政客都无法摆脱这样的陷阱。人们曾希望美国新政府改变现状,但遗憾的是,他们错了。新政府或多或少是在重走老路。这不是随便一位政客都能轻松解决的困境。"

关于中美之间当前和未来关系的描述大多倾向于"看跌"。为什么?因为在可预见的未来,两个国家的发展与应对方式可能会使双方的有效合作越来越难。根本原因是在这个历史关头,无论美国还是中国,缓和对抗的前景都不明朗。

美国坐拥几十年的全球霸主地位后,现在进入"战略收缩"阶段。[65] 尽管在很长一段时间内,美国可能仍会主导全球地缘政治格局,但绝对优势已不复存在,这迫使其领导人尽可能温和地管理一个不可避免的衰落过程。然而如尼尔·弗格森所说,"退出全球主导地位很少以和平方式完成",美国从阿富汗撤军就印证了这一洞见。随着美国放弃"世界警察"的身份,美国人开始煽动各种假想敌和其他重要力量来考验其决心,并使这些人更有胆量在其他地方制造麻烦。此外，美国和其他国家的许多观察家开始怀疑：美国制度的演变及其社会和政治结构是否像过去那样具有韧性，美国社会及其政府系统会不会因政治极化和裙带关系而受到结构性损害。莫塞斯·奈姆对这种担忧表示认同，他说：

> 美国的下一次中期选举将是一道重要关口。我们将看到许多反自由的倡议和想法付诸实施并获得支持。我预测对美国军队的拨款将面临更多争论。美国每年的国防开支约为 7 380 亿美元，高于紧随其后的 10 个国家的总和。而且，人们似乎认为五角大楼可以毫无约束地花钱。但在过去 20 年中，阿富汗和伊拉克战争给美国和世界带来了什么？美国上一次在大规模行动中取得胜利是什么时候？值得每年支出 7 380 亿美元吗？对这些问题的讨论将非常重要。过去游说团体和军工金融联合体负责保护这一预算，因为他们能从中分一杯羹。这在未来可能会变得更加困难。高额军费开支不会消失，但会面临更多争议和政治代价。

至于中国，中国领导人对国家政治制度、中美竞争以及中国共产党的长期稳定充满信心。中国似乎决心在拥有实力之后，重新获得其应有的全球地位。但是经过几十年持续而快速的增长和发展，中国现在也面临拐点：增长在逐步放缓。一些人认为全球形势更加不利于中国，中国正面临越来越多的挑战。[66] 由于这个原因，中国要在2035年基本实现社会主义现代化，从现在起必须采取行动。但许多分析人士认为，中国崛起成为全球第一强国并非定论。中国的人口老龄化正在加速，劳动力也在萎缩，而过度负债和房地产泡沫的破灭可能导致经济增速放缓。有专家认为，如果确实出现这种情况，对地缘政治稳定最大的威胁就来自上述弱点而非优势。他们的观点是，在中国追求民族复兴的进程中，中国与美国的对抗可能会升级，而台湾问题有可能成为中美冲突的导火索。

简而言之，中国领导人如美国人所愿放弃其价值体系的可能性很小，反之亦然。未来几年，两个竞争对手之间和平共处，并在气候变化等全球问题上保持合作将是最好的结果，但这并非定论。正如对冲基金经理瑞·达利欧（Ray Dalio）所说，"战争不是仅有枪战，而是有五种形态：贸易战、技术战、地缘政治战、资本战和军事战。我们肯定在不同程度上处于前四种，而且有充分理由担心最后一种"[67]。

2.5_ 社会

在我们共同面对的众多社会挑战中，最具危害性、最深层次的莫过于不平等。正如联合国秘书长安东尼奥·古特雷斯（António Guterres）所说，"不平等是我们这个时代最大的特征"[68]。不平等有多种表现形式，并已到了非常严重的地步，要想解决这一问题，只能重新定义我们的社会契约。

新冠肺炎疫情加剧了此前一直存在的不平等状况，使其在几个方面严重恶化。首先是疫情暴露了不同社会阶层遭受的不同风险（上层社会和中产阶级面临的疫情风险远远小于工人阶级），凸显了阶层之间的惊人差异，从而放大了社会不平等带来的挑战。其次是疫情揭示了工作的绝对重要性、天然的价值属性与其带来的经济报酬之间深度脱节的问题。换而言之，新冠肺炎疫情让我们明白在危机来临时，社会最需要的人（包括护士、快递员、清洁工）获得的经济价值却最低。再次是我们观察到某些国家追求的极度宽松的货币政策抬高了资产价格，尤其是金融市场和地产市场的资产价格，从而扩大了财富差距。根据瑞士信贷发布的《2021年全球财富报告》，2020年大多数国家乃至世界各国成年人之间的财富差距有所扩大。全球百万富翁的数量增加了520万人，达到5 610万人。由此导致的结果是，一个成年人现在需要拥有100万美元以上的财富，才能跻身全球前百分之一。超高净值人群的数量增加了24%，实现2003年以来的最大增幅。[69]这些现象会引起我们的"社会"共鸣。《鱿鱼游戏》在全球范围内大受欢迎，其中一个重要的原因在于这一系列游戏引起了世界各地玩家的共鸣。富裕国家的繁荣似乎变得越发难以企及，而相互攀比带来的过度负债让许多人的生活陷入悲惨的境地。整体来看，深度的不公平感正在吞噬世界大多数地区。越来越多的事实证明，与过去相比，那些出身贫寒、缺乏社会关系的人越来越难以突破社会阶层。整个社会体系似乎对弱势群体有了深度偏见。在对话中，政治哲学家马丁·奥尼尔（Martin O'Neill）对此这样总结：

> 我们生活的社会——我们共同身处其中的经济体和制度架构——已经出现了严重的不平等问题。在我生活的英国以及其他发达国家，不平等的程度已经非常严重，开始切实威胁社会制度架构的合理性。然而，我们应该担心的不平等不仅仅是收入或财富分配的不平等——一个社会的基尼系数并不能反映所有问题。更严重的问题是，社会的不平等已经牵涉多个领域，这不利于所有公民充分享受权利，而这些权利原本是每个公民公平拥有的。这听起来有些抽象，但是我认为思考不平等及其带来的问题不能只关注经济分配层面的事实，更应该关注权力、观点、地位、影响力和机会的分配。真正令我们担忧的是所有这些不平等问题在共同发挥作用。

衡量全球不平等状况非常困难。这一领域的世界权威专家布兰科·米拉诺维奇（Branko Milanovic）指出：

> 世界不平等状况自20世纪90年代中后期以来持续得到缓解，这主要得益于此前欠发达的亚洲国家实现了高增长，特别是中国实现了持续高增长。近年来印度的持续增长也使世界不平等得以改善。我将这两个庞大的国家称为和全球不平等问题搏斗的"相扑选手"。它们经过搏斗，逐渐驯服了全球不平等。因此，我们不能说当前正面临前所未有的全球不平等，实际上这个问题远没有20世纪60年代至80年代那样严重。有些人要么不知道这一点，要么声称如果从绝对的收入差距来看，社会阶层之间的差距在扩大，因为全球GDP已经大幅增加，导致个人之间的绝对收入差距也在不断扩大。从这个意义来看，我同意这一点（世界从未像今天这样不平等），但我们要认识到当一个国家或全球GDP上升的时候，社会阶层之间的绝对差距总是会不断扩大的。在今天的美国，社会的绝对收入差距远大于奴隶社会时期。但正如这个案例显示的那样，"绝对值"是衡量长期不平等状况的一个错误指标。

虽然国家之间的不平等状况在逐渐改善，但这丝毫不能安抚那些因为不平等而感受到不公平的人，因为归根结底，民众最在乎的是国家内部的不平等状况。从这个角度看，不平等状况的恶化确凿无疑。最新发布的《世界不平等报告》[70]显示，在几乎所有的地区（欧洲除外），底层50%的群体收入占比低于15%（拉丁美洲、撒哈拉以南的非洲、中东和北非地区的这一比例不到10%），而最富裕的10%的群体收入占比超过40%，很多地方甚至接近60%。从财富规模来看，底层50%的群体在全球总财富中的占比是2%，而最富裕的10%的群体财富占比是76%。最惊人的莫过于经济权力高度集中在超级富有的少数人手中。全球最富有的10%的人口主要包括富裕国家的中产阶级和贫穷国家最富裕的群体，这部分人的财富增长速度实际低于全球平均水平，但是前1%人口的财富增速要快得多：1995—2021年，这部分人获得了38%的全球新增财富，而底层50%的人口仅仅获得了2%。同期，全球前0.1%的人口占全球财富的比例从7%增至11%。更加普遍的数据显示，在新冠肺炎疫情期间，财富、收入、机会、性别、种族、教育和代际领域的不平等状况全部加剧了。[71]因此新冠肺炎疫情带来的一个后果是，我们将迎来一个更加不平等的世界。[72]

此外，不平等和背后的不公平可谓显而易见。和10年前相比，我们生活在一个透明的时代，并且正在快速进入一个持续不断、无孔不入的监控时代。技术让我们无论做什么都易于被追踪，因此我们必须接受一个事实，那就是隐私不复存在：我们的个人数据和职业数据越来越受到充分监控，变得可见、透明。通过提供相关信息，甚至只是揭露事实（哪怕是在告密者的助推下），透明化趋势使社会公众尤其是年青一代对于不平等问题更加敏感，促使他们更加关注公共部门领导者、企业领袖和富人的"不当行为"。一个最显著的案例莫过于2021年"潘多拉文件"中泄露的近1 200万份机密金融文件（此前曾发生过2016年"巴拿马文件"泄露和2017年"天堂文件"泄露）。这些文件赤裸裸地揭示了发生在政界和商界高层的大规模、系统化"合法腐败"问题。最让人沮丧的是，这些文件反映出有权终结这一系统的决策者也有可能牵涉既得利益，从而导致这一系统继续运行。"潘多拉文件"曝光了来自90个国家的330多名政客，其中包括35位现任和前任国家元首以及政府首脑。在一位专家学者（他是一位注册财富管理师，能够获得行业内部信息）看来，避税天堂并不是为了避税，而是帮助一些社会精英避开社会大众普遍遵守的法律制度。因此，离岸金融行业会产生足以惊动全世界的经济和政治不平等问题。[73]

随着公众注意到这些泄露的信息，社会平等的基础——政府是为人民服务的，同样也要遵纪守法——就会遭到严重损害，直至被摧毁。最后人们就会燃起怒火，认为制度已经被非法操控，并且不再相信未来情况会有所改善。一种不良的不公平情绪就会主导他们的生活。

有鉴于此，不平等的加剧自然伴随社会不满情绪的高涨，这种不满通常会引发游行示威和社会动荡。早在疫情暴发前的数年，全球范围的抗议活动就已开始增加，尤其是在2008年金融危机之后特别频繁，当时的抗议活动主要是因为穷人和富人之间不断扩大的差距。那时候，以财务紧缩为核心的政策激起了民众的怒火。10多年后，新冠肺炎疫情导致世界各地的社会动荡和抗议事件激增。"武装冲突地点与事件数据项目"统计显示，在2019—2020年，尽管政府已经采取封禁等措施限制公众聚集，但是全球示威游行的数量仍然增加了7%。[74]很显然，在一些国家，应对疫情的政策举措在点燃社会不满情绪的过程中发挥了重要作用：许多游行示威的目的就是反对封禁措施和疫苗接种政策，但还有其他因素在发挥作用。正如哥伦比亚一位年轻的活动家所言："这是人民在宣泄长久以来的不满情绪。"[75]新冠肺炎疫情期间的游行示威和此前的那些活动类似，都可归结为一种深度的幻灭感：能够约束所有人并且塑造了他们和政府关系的社会契约开始失效。用一位政治科学家的话来讲，"今天的政府既不能代表民意，也无力实行有效治理。虽然许多游行示威明确是为了反对抗疫措施，但更大的潜在问题是现代政府丧失了能力，不能为绝大多数民众，尤其是中产阶级和穷人阶级服务"[76]。

对不平等的日益担忧及其引发的深层次不满情绪（包括怒火）将促使许多国家重新界定社会契约。广义来讲，"社会契约"是指管理公民个人和制度体系之间关系的（通常是比较隐性的）安排以及预期。它是连接我们所有人和整个社会的"黏合剂"；如果没有它，社会结构就会分崩离析。一个日益普遍的共识是，许多国家的社会契约已经失效，"从摇篮到坟墓"的多项要素均面临变革。[77]

几十年来，几乎所有地方的社会契约一直在慢慢地发生变化，在不知不觉间迫使公民个人对自己的生活和经济成果承担了更大责任，导致大部分人（尤其是低收入群体）认为社会契约即使没有全面失效，也在很大程度上遭到破坏。今天，人们对社会契约失去信任的根本原因在于不平等问题、绝大多数再分配政策失效、被排斥和被边缘化的感觉以及广泛存在的不公平感。也正是基于这些原因，许多民众开始谴责社会契约被破坏，并表达他们对制度和领导者愈加强烈的不信任。[78] 在一些国家，这种广泛的愤怒通过和平或者暴力的游行示威活动来展现；在另外一些国家，这种社会情绪导致民粹主义者和极端政党获得选举胜利。无论表现为哪种形式，几乎所有执政者的反应都难以令人满意——对民众的反抗准备不足，也缺乏解决问题的思路和政策。尽管这些问题错综复杂，但并非没有政策解决方案（本书第 3 章将进行分析），主要是向人民赋权，响应构建更公平的社会契约的需求，对福利国家进行改革，使其适应当前世界形势。过去几年中，多个国际组织和智库机构顺势而变，积极适应这一新现实，提出了具体的改革建议。[79]新冠肺炎疫情成为加速变革的转折点，不仅放大了这一问题，使问题变得具体可见，同时也使回到疫情之前的状态变成不可能。

新型社会契约会采取哪种特定模式呢？其实并没有现成可用的模式，因为每一个潜在的解决方案都取决于一个国家的历史文化。毫无疑问，适合中国的"好的"社会契约就不同于美国的社会契约，同样也不适用于丹麦或尼日利亚。但是有效的社会契约具有共同的特征和原则，而面对疫情危机带来的社会经济后果，这些特征和原则变得更加明显。有两大特征最为突出：（1）提供更加广泛的社会援助、社会保险、医疗和基本的优质服务；（2）加强对劳动者的保护，为其提供强制性的福利、最低的体面工资，并帮助他们适应创新（及其带来的颠覆性影响）。此外，全新的社会契约需要解决一个关键的问题，那就是自由。人们日益担忧的一个问题是，应对当前疫情和未来疫情的举措会产生一个永久性的监控型社会。我们将在下一节深入探讨这个问题。

重新界定社会契约是一项划时代的任务，它有望应对当前的各项重大挑战，给崭新的未来带来希望。亨利·基辛格提醒我们，"领导者面临的历史性挑战就是在管控危机的同时创建未来。若有闪失，世界将万劫不复"[80]。在思考未来社会契约的潜在架构时，我们面临的风险是容易忽视年青一代的声音，而正是年青一代将要生活在新型社会契约之下。他们是否遵从社会契约至关重要，因此我们要倾听他们的声音，更好地了解他们的需求。年青一代可能会更加激进地要求改革社会契约，因此他们的声音和意见更加重要。新冠肺炎疫情颠覆了他们的生活，全世界的年青一代都感受到了经济不安全和气候焦虑。他们将长久承受这些伤痛。从收入、资产和财富等角度衡量，千禧一代不如其父母一辈（至少在西方国家如此），他们人均拥有一套房子的可能性更低，生育的意愿也更低。如今，新一代（Z世代，即1995—2009年出生的人）已经开始进入在他们看来非常失败的社会体系。在他们眼中，新冠肺炎疫情揭示并加剧了长期存在的各种社会问题。正如一位大学三年级学生所言："年轻人非常渴望一场彻底的变革，因为我们看到前方的道路已是破碎不堪。"[81]

这一代人会做何回应呢？他们会提出根本性解决方案或者激进的行动方案来阻止社会不平等继续恶化，或者阻止气候变化等下一场灾难来袭吗？（年青一代认为不平等和气候变化就像硬币的两面，都可归因于代际不平等问题。）他们最有可能要求进行彻底改革，取代当前的路径和模式，因为他们认为当前的制度令他们感到失望,四分五裂的状况已经难以修复,因此他们感到非常沮丧和困惑。结果,青年激进主义在世界范围内不断抬头[82],而社交媒体更是以一种前所未有的方式鼓动年青一代[83]。这些激进活动有多种形式,比如非制度化政治参与和游行示威,其目的是呼吁解决收入不平等、气候变化、经济改革、性别差异和彩虹族(非异性恋群体)权益等方方面面的问题,进而在更大范围内解决社会不平等。年青一代坚定地倡导社会变革,毫无疑问也将成为变革的推动力量。

2.6_ 技术

关于技术对人类的贡献(无论在社会层面还是个人层面),人们的看法总是针锋相对。有些人认为技术是解决人类问题的最终方案,是人类进步的源泉;也有人对技术的作用有所怀疑,担心技术可能被用于不法目的。第3章第7节将关注前者,特别是技术创新的显著加速如何帮助人类迈向环境与社会可持续发展的未来。本节将讨论技术怀疑论者的顾虑。要在未来若干年(通过监管和其他手段)共同管理技术的进步以实现共同利益,我们确实面临着不容忽视的问题、挑战和未知因素。

技术变革不可避免会到来:与社会、经济或地缘政治等复杂适应系统的变革相反，技术的变革更显而易见。从登月、互联网、医疗科学的进步，到无处不在的移动电话、无人机、mRNA疫苗，现在这些技术人人可见。技术是一种现实，不依赖于价值判断。或许正是因为这一点，许多人认为明日的世界在根本上与昨日别无二致，只是多了技术变革的附属品。历史学家尼尔·弗格森就持有这种观点，他在讨论未来的变化时肯定地说："人类关系的基本属性——爱、友谊、权力和敌意——将保持不变，（因此）我们能够理解修昔底德和莎士比亚，因为这些基本的人类关系并不会随时间而改变。变化的只是技术。"[84]

某些技术变革使我们成为技术乐观主义者，另一些则使我们倾向于技术悲观主义。有时，同样的技术变革会被一些人认为是乐观的，而另一些人则认为是悲观的。在一定程度上，叙事方式塑造了我们对技术进步中包含的机遇和风险的看法。科学家在表达对未来的看法时往往颇为谨慎，但科幻小说的作者则不然。后者正是以这种方式，帮助我们在想象中跳跃，进入似乎合理的未来。科幻小说中描述了令人不安的反乌托邦，如玛格丽特·阿特伍德（Margaret Atwood）的《使女的故事》（*The Handmaid's Tale*），也描绘了振奋人心、充满希望的未来，如刘慈欣的《三体》。我们不自觉地依赖这些作品来塑造我们对科技的看法。文学、电影或漫画（如日本漫画）中强有力的叙事方式有些灌输担忧,有些则提高对技术和创新的信心。以"元宇宙"为例,这一概念是指沉浸式的虚拟现实世界,带来在数字孪生的平行宇宙中生活的可能性。这一概念现在被脸书和微软等科技巨头关注,起初出现在尼尔·斯蒂芬森(Neal Stephenson)的一部小说《雪崩》(*Snow Crash*,1992 年出版)中。这本书具有反乌托邦色彩(故事发生在恶性通胀蔓延的无政府资本主义世界),描述了人类和数字"守护神"共存的虚拟空间。30 年后,"元宇宙"成为万物相互连接的虚拟世界的简称,它可能会越来越复杂。元宇宙将覆盖我们谋生、建立关系、拥有不同体验的环境,这些体验可能让我们的生活更丰富,也可能更贫乏。关于元宇宙众说纷纭,但所有关注者都认同元宇宙将对我们的社会、经济和政治体系的运作方式产生深远影响。线下和线上的区别将越来越模糊,越来越难以辨别,现实本身的意义也将发生改变(可能会变成扩展的 XR——增强现实、虚拟现实和混合现实的结合)。毫无疑问,整个过程将充满变革。对此,有人嗤之以鼻,也有人满怀期待。

这同样适用于人工智能。人工智能激发了恐惧,也点燃了希望,个中情绪往往是我们自己的文化偏见造成的。对人工智能未来的研究表明,西方叙事的一个分支对整个英语世界的人工智能反乌托邦前景产生了过度影响。[85]"关于人工智能应该是什么面貌,我们的想法来自好莱坞,这就是人形机器人的概念来源……。我们在英国做了一个调查,如果人们关注人工智能,他们会提到'终结者'。"相比之下,日本人对人工智能的态度明显不那么反乌托邦,因为日本漫画中的机器人有着独特的文化历史。20世纪60年代,日本两部最著名的漫画《铁臂阿童木》和《哆啦Ａ梦》深刻影响了人们对人工智能的联想。阿童木是一个拥有超能力的小型机器人,与人类一起快乐地生活;哆啦Ａ梦是一只可爱的蓝猫,也是一个机器人,它穿越时空回到过去帮助一个小男孩。"与《终结者》相比,这是人工智能未来面貌的不同视角……。不同的叙事方式完全改变了人们对科技的思考。"[86]

除了隐含的偏见,技术的高速发展也扭曲了我们对相关风险和机会的理解。正如本章第1节所述,技术变化的速度始终让我们感到惊讶。艾萨克·阿西莫夫(Isaac Asimov)的箴言"科学积累知识的速度比社会积累智慧的速度更快"[87]已提出30多年,放到现在可能比以往任何时候都更贴切。科学、创新和技术在不断扩大的多重领域中发展之快,令人难以置信,这些领域相互影响,方式错综复杂,往往令人不安。每个子学科都在发生日新月异的变化,以至于科学家们都承认,很难全面关注科技领域的广泛发展。对科学家而言的难题,对大多数普通人而言则几乎不可能掌握。新闻中充斥着基因合成革命、网络战争、核聚变技术和核裂变技术、增材制造(3D打印)、物联网、量子计算或神经技术等术语,但我们有多少人能够理解这些术语的全部内容与意义?公共政策该如何应对这些非凡的新技术?这些技术蕴藏着巨大的潜力,如果落入不法分子之手,就会带来惊人的破坏力。立法者和监管者在制定正确的法律法规方面能力如何?他们能否在全球范围内携手合作?

几十年前,心理学家和经济学家赫伯特·西蒙恰如其分地总结了这一矛盾,指出"技术毫无道德可言。技术拓展了我们思考的方式,也增加了我们做事的工具。坏人会用技术作恶,好人会用技术行善"[88]。简单的事实是,任何技术都可能被用于行善或作恶,没有任何技术会自行产生价值。决定权在人类手中。

本节重点讨论关于技术的主要或关键的顾虑和担忧。这些问题比比皆是,从生成性神经网络对政治两极分化的影响,到量子计算可能解开一系列商业加密数据,再到更具有社会性质的风险,如"监控资本主义"[89]。可以说,只有来自技术创新的三大潜在风险最为紧迫,可能造成严重后果。这三种风险都与广泛的技术类别有关,共同点是正在或可能很快被武器化。每个类别的风险都可能被其他两个类别的风险放大(例如人工智能可能识别漏洞,加剧网络风险)。第一种风险与数字化相关,即网络犯罪,可以明确识别。第二种风险正在出现,涉及人工智能在战争中的运用。第三种尚属新生风险,与合成生物学有关。结论就是，尽管数字化、人工智能和合成生物学等相互关联的技术具有巨大的发展潜力，但风险同样不容忽视。[90]

网络风险

　　网络犯罪风险已经或将影响我们大多数人以及世界各地的数百万公司，因此对我们而言最为真切。网络犯罪、网络攻击和勒索软件在全球范围内不断增加，越来越具有针对性和"战略性"。全球网络犯罪高度分散和隐秘，实际付出的代价无法准确估算，但一些行业人士认为，2021年这一数字为6万亿美元，到2025年将上升到每年10.5万亿美元。[91]黑客虽隐身于电脑之后（在某些国家则是隐身在军事设施中）发起网络攻击，造成的后果和伤害却非常真实。仅举一个近五年前的例子，2017年，朝鲜黑客利用微软Windows操作系统的漏洞，用名为WannaCry的恶意病毒感染了150个国家的30多万台计算机系统，影响波及大量个人、公司和国家机构，包括英国国民医疗服务体系，导致近2万个预约被取消，造成约1亿美元的损失。专家估计，这次全球事件的总代价接近40亿美元。[92]几年前尚鲜为人知的勒索软件攻击，现在已经无处不在。在世界范围内，此等攻击的数量到2021年底可能会超过7亿次，与上年相比增加约130%。[93]这类攻击不仅对个别公司造成巨大损失，也会产生更广泛的负面经济影响。例如，2021年6月肉类包装公司JBS受到攻击，使美国的牛肉和猪肉包装能力下降了20%，导致临时短缺和价格上涨。分析人士一致认为网络犯罪如同打地鼠的游戏，难以全面根除，还会愈演愈烈，因为攻击无影无踪，难以施加反制措施。政策制定者多年来警告称有可能出现"网络珍珠港事件"，对一国或一个行业的关键数字基础设施造成毁灭性破坏。当前越来越接近这种情况。现在，专业的"私人"网络攻击者有能力使大多数公司或大型实体（如城市或网络）瘫痪，而国家支持的网络攻击者则可以为整个国家执行类似的行动。

尽管有一些旨在确保数字世界安全的规范和规则，但要扩展和实施这些规则极其困难。国际法在很大程度上约束了战争和核武器的使用，但对于网络空间来说，情况并非如此。目前国与国之间不愿合作，再加上不对称效应（识别网络攻击者并非易事）的影响，在可预见的未来，很难想象有任何实质性进展。

人工智能与战争

网络犯罪和网络攻击发生在数字空间，没有硝烟与炮火。这与现代战争有着本质的区别，而现代战争正迅速变成网络战——将致命的武力打击与数字能力相结合。2021年3月，联合国报告称在2020年3月的利比亚战场上，有史以来第一次部署了军用无人机，可自行飞往特定地点，自行选择目标并在没有人为远程操控的协助下实施致命打击。这种无人机可以自主运行，也可以手动操控，并使用"机器学习"和"实时图像处理"来对付目标。[94] 在2020年9月底的纳戈尔诺-卡拉巴赫冲突中，出现了国家间现代战争部分网络化的首例证据。阿塞拜疆方面使用了致命性的自主无人机，确保了对亚美尼亚人的胜利。毫无疑问，这种武器（与仿生武器同时存在）在现代冲突中将越来越普遍，给约束武装冲突的国际人道法则带来许多伦理问题和困境，而目前国际社会尚无应对之策。

过去10年里，英国人工智能研究的开创者斯图尔特·罗素（Stuart Russell）一直在尝试（使政府）禁用人工智能来定位和杀死人类目标。他警告说，人工智能武器正在快速发展，而且完全不受监管，"现在，这种武器已经能买到。在网络上就有广告。……一台致命的人工智能四轴飞行器可能像一罐鞋油那样小……大约3克的炸药足以近距离杀死一个人。一个普通集装箱可容纳100万件致命武器，而且可以同时被送去执行任务，因此，不可避免的终点是自主武器成为价格低廉、精准打击的大规模杀伤性武器"[95]。与人工智能领域的许多其他知名科学家和伦理学家一样，他精辟地指出人工智能武器的扩散成为（人类）迫在眉睫的生存威胁。为应对这一问题，参与创立生命未来研究所[96]（致力于降低强大技术在全球造成灾难及人类生存风险的智库）的麻省理工学院教授马克斯·泰格马克（Max Tegmark）建议，国际社会应当禁用自主致命武器。其他国家的科学家也有类似做法，比如400名德国人工智能研究人员向德国政府发出公开信，呼吁其武装部队停止开发此类系统，并建议"必须在全世界范围内取缔自主武器系统这种有悖人道主义、事关生死的决策"[97]。

但在世界范围内，有能力开发此类人工智能武器的政府都反对禁用（显然，只有允许言论自由的国家才会出现这种声音）。各国应当协商并达成军备控制协定，但很难想象对人工智能的军备控制会是怎样。"核武器和常规武器庞大笨重、明确可见，也不难统计，但成群的人工智能无人机或鱼雷则难以核实，其背后的算法更是难以捉摸。"[98] 除非自我保护意识促使国家当局采取一致行动，商定共同标准，例如强制规定最低重量和炸药尺寸，使自主武器无法轻易运输和启用，否则人工智能致命武器极有可能像枪支一样泛滥。

合成生物技术

人们常说，19世纪是化学的世纪，20世纪是物理学的世纪，而 21 世纪将是生物学的世纪——我们将改造生物系统，满足人类的需求。我们正处于遗传学革命的黎明阶段，完成了人类基因组测序，将体细胞逆转为干细胞，了解了如何改写活细胞的遗传密码，并将改造基因的成本降低到原来的百万分之一。此外，我们有了成功案例，能证明合成生物技术的潜力。正如"二战"加速了电子技术的发展，新冠肺炎疫情也推动遗传学革命走向新前沿。新冠肺炎疫情暴发后，许多国家紧急投入疫苗研发。首先出现的是 mRNA 疫苗，将计算机模拟的合成基因代码串注入人体。mRNA 疫苗触发人类免疫系统的方式不像传统疫苗那样注射弱化、死亡或部分病原体，而是指示细胞产生 SARS-CoV-2 病毒的突起蛋白，"将人体变成个性化制造工厂，生产原本外来的物质来触发自然免疫反应。这种方法将很快创造一个全新平台，用于抗击癌症和其他疾病，并提供比接种疫苗更出色的强化作用"[99]。

这种"普罗米修斯式"技术似乎潜力惊人，前景无限。从改变医疗方式、实现个性化治疗和预测性健康问题建模，到从细胞培养物中培育动物蛋白，从海藻中提取能源以拯救地球……许多应用似乎触手可及。但与此同时，这些技术也有可能被有意或无意地用于错误目的。合成生物学具有如此非凡的潜力，以至不难想象它会带来什么问题。比如大流行暴发时只给富裕国家的公民接种疫苗（这并非牵强附会）？只改善或延长能够负担费用之人的生命？根据人们的遗传信息歧视他们？很快任何人都能从零开始制造病毒？在胚胎植入前进行基因改造以实现优生？国家或恶意团体决定生产危险、未知的合成病毒？下一次大流行将会是实验室制造出来的？病原体被刻意加强以提高传播性或致病能力？这些都是基础问题，我们迄今尚无答案。操纵生命的新能力如何影响人性，这一根本问题将彻底挑战人类的信仰、道德、宗教和政治，而我们对此准备不足。正如博物学家爱德华·威尔逊（E. O. Wilson）所说："我们的情感与旧石器时代无异，制度发端于中世纪，现在却掌握了接近于神的技术力量。"[100] 的确如此。公共政策机构行动缓慢，未能有效应对可能需要监管的潜在障碍。《鹦鹉螺》（*Nautilus*）杂志主编约翰·斯蒂尔（John Steele）观察到：

> 情况非常可怕，特别是当技术越来越容易被使用时。基因编辑技术 CRISPR 就是如此。基因工程产生了诸多威胁，但没有得到监管，因为政治和监管机构无法跟上形势的变化。威胁就在眼前。我们采用这些技术时，无法预知会有哪些意想不到的潜在后果。……这非常令人担忧。每个人都担心某项技术会导致某种后果。每个人都忧心忡忡。鉴于技术发展的速度和程度日新月异，带来的潜在威胁更加让人不安。[101]

合成生物学和人工智能一样将席卷全球，改变我们的文化、社会和经济运作方式，并重塑我们的未来，而且可能比我们预想中的更快，这并非危言耸听。我们处于遗传学革命的黎明阶段，当生命代码 DNA 像信息技术一样可读、可写、可用、可侵入时，我们将面临一场惊天变化，因此必须认识到"我们今天所做的选择，要么大幅改进人类福祉，要么使人类社会陷入危险乃至致命的基因军备竞赛"[102]。如果不加以严格监管，不开展国际合作，两种情况都有可能发生。

The Great Narrative
For a Better Future

3 未来之路与解决方案

如前文所述，五大类别的全球风险不仅相继发生、后果严重，而且呈现上升趋势。未来数年，更多的冲击将会颠覆我们的生活，威胁我们的社会，危及我们的经济，并破坏世界和平。人类将面临巨大的挑战，但是我们仍有理由对未来保持乐观。萨古鲁（Sadhguru）认为："只有危机才能迫使我们付诸行动。"当前，一个迫在眉睫的任务是打造更有韧性、更加协作、更可持续和更为公平的世界，这也促使我们展开行动。一切都在快速重塑之中，我们需要重新确立社会和经济生活中的各项规则。用玛丽安娜·马祖卡托（Mariana Mazzucato）的话来说，"我们即将迎来姗姗来迟的范式转变"。本章将描述这些即将到来的变革，并围绕变革勾画积极的愿景，通过缩小思想观念和政策实践之间的差距，推动未来前行之路。

3.1 协作和合作

协作(携手实现一个共同的目标)和合作(为了实现一个共同的目标而实现各自的小目标)是一个非常广泛的实践领域,政治学、人类学、心理学、经济法或生物学等多个专业学科已经在这个领域撰写了数不清的著作和文章。在本书中,我们并不打算深究如此广泛的一个主题,而是为了勾画愿景,为提高协作和合作能力、了解协作和合作内容而奠定基础。事实很清楚:我们在全球和国际层面合作能力的下降导致全球治理水平出现了衰退。然而,正如我们在第 1 章所述,我们面临的所有问题都是全球性问题。大流行、气候变化、生物多样性、贸易和投资、经济增长、网络安全和技术治理等,所有这些问题以及其他全球问题要想得以成功解决,就离不开相关各方的协作。

从根本上来说，我们应当将这些视作公共产品。一个和平的世界、一个健康的世界、一个可以呼吸的世界、一个清洁的世界和一个公平的世界，这些都应被视作全球公共产品。这些公共产品能否顺利供应，取决于我们能否展开全球合作。新冠肺炎疫情更加凸显了全球合作的迫切性：没有一个国家能向全世界提供疫苗，因此推广疫苗接种的工作就落在了国际组织的肩上，但国际组织的权力受限于相互冲突的各国利益，依赖于200个主权国家之间支离破碎的各类协定和倡议。这当然行不通。由于缺乏国际合作，各国之间争吵不休，截至2021年11月21日，全球仅有54.7%的人接种了新冠疫苗。2021年底本书撰写完成时，最新出现并已确认的奥密克戎变异株或许能够证明缺乏国际合作所带来的严重后果。

极化、地缘政治对抗、种族分歧和社会分裂使合作日渐困难。尽管如此，我们就能认识到合作是唯一的选择吗？我们最终是否会得出下列结论：如果不协作，我们必将毁灭？我们最终能否明白我们只有一个地球，所有人的命运休戚相关，我们身处同一个生物圈、共享同一种文明？如果我们能认识到这些，合作和创造的力量是否就能喷薄而出呢？或许会，但细节决定成败。马丁·沃尔夫（Martin Wolf）认为："我们如何确保不仅在未来几年进行合作，而且能让合作持续几十年甚至几代人呢？简单来说，这很困难。从长远来看，这需要一种目标高远的务实精神。我们需要认清下列现实：我们同处一个星球，我们彼此深度互联，不管我们多么不喜欢对方，合作也不可避免。我们要做的就是确定并内化我们的共同利益。"[103] 我们如何遵从这位专栏作家对我们的劝诫呢？如何才能发扬"目标高远的务实精神"呢？"目标高远的务实精神"指的是什么？

首要的一步是推翻主流叙事。数个世纪以来，大多数社会的运行逻辑是这样："人之于人，无异于狼。"（罗马诗人和剧作家普劳图斯在公元前3世纪曾经这样形容。）17世纪，英国哲学家霍布斯宣扬了下述理念：从本性来讲，"人各为己"。这一理念在西方社会尤为盛行，因为它们拥有悠久的个人主义传统，但为自己而战、忽略他人需求（当然会有例外情况）的叙事在世界各地都很普遍，而且越是坚信这一理念，人就越容易想方设法提高自己的社会地位。金融市场很多参与者都会开玩笑地表示，"如果你想要一个朋友，那就雇一条狗吧"，实际上这并非无稽之谈。然而，此类叙事是错误的，真实情况与此大相径庭：我们"本质上"属于社会动物，科学证据也证明了这一点。哲学家、神经科学家帕特里夏·丘奇兰德（Patricia Churchland）与我们分享了她的看法：

过去10—15年中，最吸引我注意的是神经生物学和进化生物学。这两门科学表明，所有的哺乳动物和鸟类物种本质上都具有社会性……。15年来，社会神经科学不断发展，这帮助我们更好地了解了神经网络的本质，进一步证实了这种强烈的社会性存在于所有哺乳动物中，尤其在人类当中最为明显……。人们注重跨越多年的延迟满足感，也会在不利于自身利益的情形下，帮助家庭成员、朋友甚至陌生人。我们也了解到人类具有强大的自控力，而大脑皮质在其中发挥了非常重要的作用。这是我们取得的一部分科学发现……。归属感、社会性、与人为伴的需求，这些都呈现出巨大的进化特征。

我们不仅天生具有社会性，而且"和那些自私、具有侵略性、强暴的动物相比，我们偏好合作、温暖、非暴力的人际关系"[104]。

人类天生具有社会性，从很小的时候就会表现出来（比如孩童时期就具备同理心、同情心和社会行为特征）[105]，但丘奇兰德在研究中发现，要培养社会性，爱和亲情会发挥至关重要的作用。一些在老鼠身上进行的实验表明，如果每天将幼鼠与母鼠分开几个小时，给它们提供温暖的环境和足够的食物，但是不做舔舐或梳理毛发这些亲昵的动作（也就是没有爱的表达），那么当它们回到母鼠身边后，社会行为会发生改变，催产素受体数量明显减少。实验中的雌鼠发育长大并生下幼鼠后，它们就会成为非常糟糕的母鼠,不太关心它们的幼鼠。因此,丘奇兰德总结指出:"神经回路的某些特质影响着我们成为什么样的社会人,而就老鼠和其他哺乳动物而言,这与我们在婴儿时期和幼年时期如何被对待、被关爱有关。"

丘奇兰德和其他学者开展的研究表明,和目前的主流叙事逻辑恰恰相反,大多数人能够关心别人,也关注社会福利(而不只限于关注自身的经济福利)。新的叙事方式最具价值的地方在于,它显示了以关爱为合作前提将取决于人的情绪、品质和情感,而这些特点是可以鼓励、提升甚至教化的。爱和亲情虽然具有社会性,但在本质上非常个人化,难以从社会层面进行模仿,而其他品质更容易用来造福公众。同理心(理解他人的感受并产生共鸣)就是这样一种品质。从进化的观点来看,这种品质能够帮助我们在社会组织中生存。在哈佛大学医学院精神病学教授、美国麻省总医院移情与关系科学项目主任海伦·莱斯(Helen Riess)看来,它能够促进"人与人之间分享经历、需求和渴望",在社会运转的过程中发挥重要作用。[106] 反之,既然我们的神经网络是为了与他人的神经网络进行互动,以捕捉他们的情感并将他们与自我进行区分,那么如果缺乏同理心,我们在与别人相处的过程中就容易经常发生争吵或感受到他人的威胁。简而言之,同理心有助于协作,而缺乏同理心则会助长恐惧情绪,从而不利于协作。

那么，为什么我们不能在世界各地进行同理心教育呢？为什么不能对领导者和社会公众进行培训，提高他们的同理心呢？以丹麦和芬兰为例。从国民主观幸福度来说，这两个国家每年都位居全球前列。[107] 它们的例子表明，如果一个人很小的时候在学校接受同理心教育，那么就能够极大地提高宽容的能力，并大幅改善儿童和成人时期的人际关系和社会交往。[108] 因为同理心能够有效提高人际关系的质量，也就能提高人们开展有效协作的能力。相比之下，具有自恋特质（和同理心相反）的领导者认为，他们可以单独行事，无须寻求协作。近年来无数案例已经证明了这一点，给我们带来的教训是：如果能够积极培养儿童和学生的社会行为和品质，那么国家不仅能提高国民的幸福感，还能拥有更擅长合作和协作的全球化公民。许多国家缺乏行动的动力，但为什么不能在全球层面进行尝试，让它们向那些已经成功实践的国家学习呢？这并非情绪化或形式主义，而是具有充分的科学依据。越来越多的研究（尤其是神经科学研究）表明："如果你改变自己的想法，你就能够改变整个世界。"这几乎成了理查德·戴维森（Richard Davidson）在威斯康星大学麦迪逊分校创立的健康头脑研究中心的口号（"改变想法，改变世界"或"改变头脑，改变世界"）。戴维森在学术生涯中投入大量精力论证下述观点：培养同情心和同理心等积极品质能够改善我们的大脑，从而推动持久的积极品质的形成与表达。"通过具体呈现这些品质,我们就能为他人树立榜样。我们也知道,获得这些品质的有效方法之一是社会化学习,而社会化学习属于隐性概念。对于那些展现上述优秀品质并且因此闪闪发光的人,我们只要待在他们身边,就相当于进行了重要的社会化学习,就能促进行为方式的积极改变。"[109]

几乎可以肯定的是,如果能够大规模实施促进社会交往的政策,将能培养公众开展合作的能力,并且在若干年后惠及整个社会。但是,"若干年"对我们来说过于奢侈。我们面临的问题要求我们立即采取行动,从现在开始切实改善全球合作。如果不合作,又将怎样?历史总能教会我们透视未来。一个极端的场景是,未来将充满灾难,人类几乎没有任何形式的协作,就像科马克·麦卡锡(Cormac McCarthy)在《路》(*The Road*)一书中描述的那样,为数不多的几个人类幸存者在梦魇般的环境中力求生存。另一个极端的场景是,人类最终团结起来,共同探寻解决方案,这也是金·斯坦利·罗宾逊(Kim Stanley Robinson)在《未来事务部》(*The Ministry for the Future*)一书结论部分描述的场景。在这部小说中,无比艰巨的挑战(气候变化)触发了前所未有的社会行为和相互协作的意愿。后一个场景同时说明问题越大,威胁越严峻,开展合作、共求对策的紧迫感就越强。

当前，围绕我们面临的各项全球挑战，人类达成普遍协定或全球团结的机会微乎其微（而且还在不断减少）。随着形势的恶化，这种状况或许会发生改变，但是我们应该做点什么？马丁·沃尔夫坦率地分享了他的建议："我们目前面临的形势是，如果不能突破局限，任何替代性方案都将是灾难性的。如果我们希望享受和平、维持繁荣和保护地球，我们就必须采取和而不同的态度，实现彼此合作。可以说，不存在任何其他合理的替代方法。"[110]

人类的燃眉之急是确定和实施一个最低限度的合作框架，来应对迫在眉睫的各项挑战，尤其是气候变化和环境退化问题。为此，关键的相关各方必须展开深度合作，首要的就是中国和美国。这两个大国理应协同一致，展开切实可行的合作，共同保护我们的全球公域。两国如能树立合作榜样，其他国家自会纷纷效仿。当然，这绝非易事，但其他国家有义务提醒这两个超级大国：如果不能合作，整个地球将面临灭顶之灾，和平与繁荣的希望就会完全落空。用最简单的话来说，中国和美国如果放弃改善全球合作的努力，那将尤为不可取。

实际上，我们如何才能达成上述目标呢？什么样的合作愿景才能播种希望，点亮前行之路呢？许多具体的建议已经浮出水面，这些建议大多围绕下列理念展开，即集中式、分层式的解决方案在当前四分五裂的地缘政治格局中行不通。

为此，他们提出多中心（不止一个中心）、多规模（在多个不同的层面上实行）的全球治理体系，认为只有这样才能被国际社会接受，才能得以有效施行。探讨如此广泛的建议和"宏大"叙事的优点超出了本书范畴，但接受我们访谈的两位专家提出了一个想法，为描绘积极乐观、充满希望的合作愿景提供了序曲。这个想法提出来要从小范围开始合作，从局部开始合作，并强调"归属感"对于传播有效合作的重要性。丘奇兰德认为：

> 重大的变化可能不会来自所有国家之间高度协调的政策，而是来自各地民众对自身形势和解决方法的认同，进而在更大范围内形成广泛的机制。这非常务实，也非常具有本地性，而这种本地属性至关重要。英国社会心理学家罗宾·邓巴（Robin Dunbar）观察指出，我们充其量知道150个人（我们并不真正了解所有这些人），但在一些重要的场合，这150个人可算作认识的人。这就意味着，我们不可能和地球上的每个人成为朋友。我们要摒弃那种"我们能够代表地球上所有人"的想法，转而意识到我们能够彼此合作，实现特定的、共同的和实际的目标。

在此基础上，拉古拉姆·拉扬（Raghuram Rajan）进一步拓展思路，建议倡导"包容性地方主义"这一概念，其主要内容是"加强和赋能地方社区"。如果缺少那些目前仍将自己置身事外的人的支持，全球合作框架就不可能有效实施，也就是说全球治理要和地方力量共存，要能够包容各类群体。拉扬对此进行了详细解释：

> 简单来说，我们有三大支柱：政府或政治支柱、经济支柱、被遗忘的社区或社会支柱。当三大支柱相互平衡的时候，我们就能收获和谐、进步和幸福。在某个支柱过于强势的情况下，就会失去平衡并遭遇来自其他支柱的抵制，社会也会无法正常运转……。如果要重获平衡，我们就必须强化和赋能社区，分散决策权力，壮大经济力量，因为许多弱势社区没有服务民众的能力，难以将他们带回正常轨道……。在某种程度上，（人民）可以决定地方事务，因为那正是民主的要义。市场全球化意味着治理全球化，也意味着地方权力的弱化，因而就会招致民粹主义者的强烈反对，但本地民众渴望的那种"自主"通常具有排外性，会排斥全球市场，发展成为排外主义；或者排斥外来移民，比如美国只接受本土出生的美国人。针对这种现象，我主张实行"包容性地方主义"：赋予地方更多的权力，但这种权力的行使要具有包

容性。我们要在地方社区周围树立边界，但这种边界要能"呼吸"，要能确保社区归属感，体现我们和外部民众的差异，这种边界不能过高，以致将社区之外的所有人排除在外。只要愿意加入社区，任何人都可以被接纳。在大城市和部分国家（比如加拿大），这种包容性地方主义正日益普及。这些城市和国家正努力培养民众的归属感。从长远来看，这不仅有利于为地方赋权，也有利于打造和而不同的社区。也唯有这样，我们才能应对全球化带来的更加广泛的力量。

"包容性"是关键词。如果没有公民社会和本地相关力量的广泛参与，支撑全球治理的合作意愿就不会产生。联合国秘书长古特雷斯在提交的《我们的共同议程》报告中也同样强调了这个关键词。[111] 他同时还警告这项任务的迫切性："人类面临一个迫切而难以回避的抉择：崩溃或突破。我们今天能否做出正确的选择，将决定未来人类社会是走向崩溃或面临永久性危机，还是实现突破，为地球和人类创造和平与可持续的未来。"接受本书访谈的多位学者表示，我们面临的问题规模空前，并且将决定每个人的生死存亡，或许会因此带来一场强大的全球合作运动。毕竟我们是社会性动物，天生的合作倾向将能拯救我们自己！

3.2_ 想象与创新

想象不仅是"心智的创造",也是"直面和处理问题的能力",这是一种值得肯定的特质。[112] 如果能驾驭创造力的无限可能性,就相当于掌握了一种"超能力",使个人和社会都从中受益。这一点显而易见:每个问题的解决都始于想象力。反过来,许多问题之所以发生,也是因为超乎想象。"想象力的失败"这一表述抓住了这一点,即人们对未来机会与风险的态度与以往对机会与风险的看法十分相似。小说家格雷厄姆·格林(Graham Greene)在《权力与荣耀》(*The Power and the Glory*)一书中首次使用了这一说法[113],但直至"9·11"委员会将情报机构未能预见当天发生的"无法想象"的事件作为"9·11"恐怖袭击的主要原因后,这一表述才广泛传播起来。从那时起,"想象力的失败"就与战略思维和风险管理联系在一起,指的是想象力不足或陷入被动思维。时至今日,如此广泛的风险相互依存,我们已无法承担想象力不足的代价。尽管如天体生物学家凯勒布·沙夫(Caleb Scharf)所说,我们可能由于任务的重要性而陷入危险的认知禁锢:"的确,如果太多新事物突然涌现,我们人类似乎总会很挣扎,特别是在这些东西超出正常认知范畴时,比如奇怪的病毒或新型气候模式。面对这种情况,我们很容易陷入认知禁锢,困在问题的局部而无法建立整体思维。"[114]

想象力正是摆脱"认知禁锢"状态和建立"整体思维"的必要特质。借助想象力,我们能够构想出创新解决方案,成功解决面前的众多风险。几十年来,我们一直在破坏世界的稳定,没有想象到我们的行为对社会和生物圈及其相互关系的影响。现在,我们在想象力失败并清晰认识到后果之后,就需要反其道而行之:依靠想象力,摆脱我们自己造成的困境。我们有责任想象更加公平、更可持续的世界。利用无限的想象力,也能带来多元化的社会、经济和政治解决方案。为了找到这些解决方案,我们需要发挥集体的智慧和想象力,绘制充满希望的未来图景,寻找通往未来的各种路径。

有人断言,某些事情在政治上或社会上无法实现。但近年一本备受赞誉的书表明,没有什么注定如此。事实上,只有想象力才能约束我们自己。在《万物的黎明》(*The Dawn of Everything*)一书中,已故人类学家大卫·格雷伯(David Graeber)和考古学家大卫·温格罗(David Wengrow)证明了这一点,提出每种能想象到的社会和经济组织形式从人类诞生之初就已经存在。[115] 在过去30万年中,我们用不同的方式寻求知识、实验、幸福、发展、自由和其他人类事业。在现代世界之前,我们设计的共同生活制度中,没有一个具有单一起源或是不变模式。早期社会有和平也有暴力,有专制也有民主，有父权也有母权，有奴隶制也有废奴制，有些社会一直在不同类型之间转换，有些则没有。古老的工业城市在帝国中心蓬勃发展，其他城市则在没有主权实体的情况下存在。重点是在"现代性"启蒙思想出现之前，存在着令人难以置信的多种社会可能性，而大多数现代人都没有想象到这些可能性。卢梭关于早期文明世界中"自然状态"的理想主义，或者霍布斯关于国家存在之前的生活"肮脏、野蛮和短暂"的观念，看起来更像是假设而非严谨的科学论断。如果古代社会不遵守任何特定的组织轨迹或演进模式，今天的世界有何理由应当不同？是什么阻碍了我们设计不同的路径和新形式？是什么制约了我们提出更好的方式来处理问题，为什么我们的社会不能用多元的方式来构建？难道我们没有能力塑造全新的愿景吗？

答案是我们完全可以！环顾四周就会发现，围绕全球议题和共同行动问题，富有想象力的新方案不仅存在，而且比比皆是。详细罗列这些方案远远超出了本书的范围，因此本书只提供若干重要例证，并积极论证想象力并不匮乏。

在世界各地，每天都有成千上万的人不断提出富有想象力的新创意、新方案来解决我们共同面临的问题。创业者、企业高管、投资者、政策制定者、社会活动家、学者和其他思想家都在积极提出和尝试新想法。要传播并发挥想象的力量，没什么比叙事更有效，即撰写既贴切又有说服力的故事。这是激励那些在社会、政治和经济上与我们相互影响的群体的最佳方式,也是推进议程的最优选择。在与我们的对话中,卡洛塔·佩雷斯(Carlota Perez)用一个宏大叙事的例子,说明如何用想象力产生行动号召力。

根据历史经验,我们可以预见,社会和环境可持续的信息与通信革命的黄金时代即将到来。这将需要重大制度创新,包括建立超级机构,在全球范围内监管金融并改革政府,将权力下放到地方,重构福利国家和税收制度。为此,所有政策都需要围绕智能(数字技术)、绿色、公平与全球增长确定目标。我发现了以往技术革命所遵循的共同模式(每次技术革命的独特之处塑造了规律性):(1)原有技术表现出成熟或枯竭的迹象(由于市场饱和及创新空间枯竭,无法按照既定轨迹提高生产力或增加新产品,从而导致利润率下降),之后就会出现新技术革命;(2)最初几十年(或准备期)是"创造性破坏"过程的震荡期,旧模式被新模式取代。这一过程中涌现出新的百万富翁,许多工作和技能被颠覆,旧产业被改进或淘汰,不平等问题加剧,金融泡沫膨胀而后破灭;(3)随之而来的经济衰退显示了"破坏"所带来的社会后果。抗议、怨恨、分裂和民粹主义随之而来并敲响警钟——需要重新修订"社会契约",同时也让人们了解到新技术的潜力（"创造性"部分）；（4）接下来的几十年（或部署期）将进入黄金时代，前提是国家发挥潜力并致力提供新型社会契约，明确侧重相关技术，发挥技术的最大潜力并使资本主义重新获得合法性，确保少数人的财富惠及社会更多群体。历史上，这样的黄金时代包括开始于1850年的英国维多利亚时期的繁荣，开始于1900年的欧洲美好时代（美国的进步时代）和当时所谓"先进西方"的战后繁荣。我认为与当前技术革命相关的转变本应发生在2008年国际金融危机之后。错过这一机遇，新冠肺炎疫情可能（重新）制造了相应条件。

这一粗略概括的宏大叙事表明：（1）我们可以想象一个未必彻底黯淡的未来；（2）我们面临的某些挑战在以往也有迹可循；（3）果断行动可以促使我们迈向环境和社会更加可持续的世界；（4）为了向（信息和通信技术的）新模式转型，我们必须放弃（大规模生产的）旧模式。

如果将想象力定义为"直面和处理问题的能力"，就需要激发创造力并接纳新的思维方式，当然还需要大量严谨的分析以及具有良好应用前景的商业或政策［否则，引用巴西经济学家卡洛斯·布拉加（Carlos Braga）最喜欢的一句话，"没有落实的愿景或想象力只是幻觉"］。如今，许多人苦心经营富有想象力的新想法、新产品和新战略，开发新业务、创立企业、制定经济政策或大型项目，以此开创和塑造未来。他们的创意想法转化为愿景，形成模型，反过来影响行为，帮助构建未来，最终应用为政策工具并释放市场力量。我们选择了四个创新项目或项目系列来进行论证。这些项目彼此不同，但都与环境有关（选择这一宏观类别的原因是其中利害关系最为重大）。就在几年前，这些企业都还不为人知或刚刚起步，如今已经共同证明了项目背后的想象力。

（1）绿色金融网络及其他：想象新政策

绿色金融网络（NGFS）由 91 家央行和监管机构组成，致力于推动主流金融，助力可持续经济转型。这一网络正在考察许多大胆的金融创新，这些创新可能在将来彻底改变央行和监管机构分析气候变化相关风险的方式。[116] 简而言之，央行与政府协作（拥有更广泛、更有效的工具和政策来预防和减轻气候相关风险），调整其货币政策操作框架，反映气候相关风险，包括减轻气候变化和环境退化带来的资产负债表风险，并积极支持面向零碳、绿色经济的转型。NGFS 的任务是构想上述可能的工作形式，并设计政策工具和手段来实现这一目标，具体则取决于气候风险如何通过不同传递渠道影响经济和金融系统。[117] 可选择的方案较为广泛，涵盖央行最重要的三个政策领域的变化：信贷业务、抵押政策和资产购买。本书无意深入研究其中的技术细节，只想指出其中一些方案与央行常规业务政策的根本区别。[118] 简而言之，新方案是这些中央银行行长想象力的产物。

一些想法涉足未知领域，远远超出 NGFS 设计可行政策的范围。制定"碳量化宽松"政策就是其中之一。这个未经检验、略显离经叛道的全新叙事听起来颇为耳熟，因为它在金·斯坦利·罗宾逊的畅销书《未来事务部》中发挥了关键作用。在这部小说中，随着气候危机的加剧，全球最高中央银行的行长们最终选择集体合作，放弃谨小慎微的行事作风，决定创建全球"碳币"以提供去碳化所需的资金。罗宾逊的创作灵感基于近五年发表的一些学术论文[119]，最近则借鉴了 NGFS 的工作，而 NGFS 并没有（尚未有？）如此疯狂的想象。罗宾逊基于小说家的"行文自由"，发挥了天马行空的想象力：

（NGFS）建议，能从空气中捕集碳的国家、公司和个人可直接获得报酬。石油国家可为其封存在地下的化石燃料得到补偿。石油公司可从空气中捕集碳而后封存在地下，或是从南极洲和格陵兰岛的大冰川（目前正通过融化形成的地下河滑入大海）底部抽水，从而获得碳补偿。当然，立法机构和公民需要敦促并最终指示或命令本国央行采取相应行动。好消息是,有了这些新战略(即使在现有的政治经济体系中,最多只能做到勉强适合于当前任务),我们或许可以自行筹资来完成必要举措,从而避免即将到来的大规模灭绝事件。[120]

这个想法十分牵强,但已经被一些精明的投资银行家看中。[121]此外,想象力的根本目的无疑就是为了冒险进入未知领域!

(2)基于自然的解决方案

非凡的想象力让创业公司遍地开花,我们不需要太多的想象力就能意识到自然的馈赠是无偿的。几个世纪以来,我们不仅将这种慷慨视为理所当然,还将其利用到极致,以致逐渐走到悬崖边上。当然自然并非"免费",而是无价,我们需要一定的想象力来把握这一点对于政策制定的意义。对于经济学家和政策制定者来说,重视自然并评估其对我们经济和社会的贡献是最近才有的工作,因为几个世纪以来,我们一直忽视了自然在日常生活中发挥的根本作用,低估了环境退化对人类福祉和经济增长的风险。如果不顾及复杂的生态系统,无法确保温度可以承受、空气可以呼吸、水可以饮用,我们就无法确保社会的正常运转。因此,自然是经济活动不可或缺的投入要素,事实上更是宝贵的资产。我们需要这样对待自然，同时反思促进经济繁荣的相关举措。

最近有经济研究得出结论，全世界一半以上的GDP都依赖自然。[122] 自然提供的服务中，有些显而易见（如鱼类资源和蜜蜂授粉），有些则不太明显（如土壤中复杂的生态系统回收养分、净化水并吸收大气中的碳），这些都是经济学家并不熟悉的话题。如前所述，我们需要凭借丰富的想象力和严谨的分析，才能正确阐释自然对经济增长的贡献。一批新的文章和报告正是如此，首次将自然资本纳入当前经济增速可持续性的严格分析框架中。[123] 正如《达斯古普塔报告》(*Dasgupta Review*) 所述：

> 整体而言……，我们未能可持续地管理我们的全球资产组合。据估计，1992—2014年，全球人均生产资本增加了一倍，人均人力资本增加了约13%，但人均自然资本存量却下降了近40%。对许多人而言，经济增长和发展的真相就是以牺牲自然资本为代价，积累生产资本和人力资本。换句话说，虽然近几十年来人类实现了巨大的经济繁荣，但大自然却承受了毁灭性的代价。据估计，按照人类对自然的总体影响，需要1.6个地球才能维持目前全世界人口的生活标准。[124]

随着学者们追求富有想象力的研究，企业家、投资者和商业领袖陆续开始承认自然资源的资产价值，并将其变为引人注目的投资主题。与普遍的假设和偏见相反，他们的行动说明对自然资产进行估值和投资可创造就业、促进增长。因此，投资基于自然资源的解决方案的初创企业数量开始激增也就不足为奇了。这些企业目前呈指数级增长[125]，涵盖物种保护、森林保护、优化回收利用以及减少空气污染、食物浪费、污水污染等问题。这些创业者似乎拥有无限的想象力。

（3）生物经济：想象力促进合成生物学的应用

生物经济源于上述内容，注重更可持续、更高效、更综合地利用自然（生物资源和生态系统）。这门新"学科"已经流行了15年以上，存在多种定义。2015年，首届专门讨论生物经济的国际峰会将其界定为"以知识为基础，生产和利用生物资源、生物流程和原则，可持续地提供所有经济部门所需的商品和服务"[126]。今天，生物经济与循环经济等概念被应用于农林、水产养殖等初级生产领域与使用生物资源的工业部门，如食品和饮料、纸浆和造纸，以及部分化工、生物技术和能源行业。

过去几年，合成生物学取得显著进展（详见本章第7节）。生物科学研究发展迅猛，农业、清洁能源、医疗和工业等多个领域率先推出新型生物应用。在创造性想象力方面，企业家、风险资本家和大公司展开了激烈的竞争，纷纷提出解决方案，有望在十年左右彻底改变我们的经济形态。合成生物学极具发展潜力，完全成熟的生物经济并非不可想象，2035—2040年前后，或许就能用可再生物质（而非石油）制造现代社会所需的产品。我们可能会在海水和土壤中看到无害降解的新一代塑料；用生物工艺生产的碳中和水泥；水和土地耗用更少、温室气体排放量更少的替代食物蛋白质来源；二氧化碳排放量和有毒废物大幅减少的纺织品和染料；以及能减少肥料使用、改善土壤健康并清除大气中二氧化碳的土壤微生物。[127]

（4）地球工程：大胆想象力发挥作用

无论赞同与否，地球工程（也称为"气候工程"）都堪称想象力的盛宴，包括有意识、大规模干预地球的气候系统，通过减缓或扭转那些加剧气候变化的过程来改变甚至修复气候。这种"异想天开"的概念在几十年前似乎还不被接受，甚至不可想象，现在已经成为严肃（虽然还比较激进）的方案，或许能避免潜在的气候灾难。大卫·金（David King）等科学家已经传播了这一想法，他们建议增加北极上空的云层覆盖，从而使冰川重新冻结[128]，格诺特·瓦格纳（Gernot Wagner）在《赌博》(*The Gamble*)[129] 一书（书名恰如其分）中建议向平流层注入气溶胶来反射照到地球上的阳光,这些得到科学家们的认同。

从空气污染到意料之外的气候影响,地球工程涉及一系列风险,还会带来极其复杂的科学、伦理和治理问题。人类有权利任意改变气候吗?谁能决定利用地球工程改变气候?如何控制和治理?谁会资助这样的项目?这些基本问题仍然没有答案,但学术界和政策界都在讨论。这将再次考验人类"处理问题"(想象力)与设计创新方案(尽管不乏争议)的能力。地球工程并非迫在眉睫的任务,但随着气候危机的恶化,这种激进而有争议的方法将被认真考虑。届时,少数科学家的想象力将为这种决定奠定基础。

对上述四种富有想象力的政策、想法、产品和项目而言,快速扩展的知识是核心,爆发性的想象力则是驱动力。这种想象力源自对解决难题(这里是指环境问题)的渴求。正如爱因斯坦所说:"想象力比知识更重要。知识是有限的,而想象力却包含整个世界。"他还说:"逻辑会带你从 A 到 B,想象力则将你带往任何地方。"

3.3_ 道德和价值观

道德通常被定义为判断行为和品德正当与否的一系列(一套)信念和原则。相比之下,价值观是指个人或其所属的社会组织所遵从的道德原则和通行标准。虽然存在明显差异，这两个概念却又相互交织。用最简单的话来说，道德关乎文化、社会和其他准则，而价值观更多是指个人信念和信仰。但归根结底，这两个概念都能帮助我们判断生活中什么最重要，构成了我们判断正当性并据此展开行动的原则。

今天，我们共同面临着多项挑战（如本书第1章所述），也面临着寻找最佳对策的压力，这些迫使我们反思道德和价值观在生活中的作用，重新评估它们如何影响我们的行为和决策。疫情的暴发更是凸显了这一任务的迫切性。和所有重大的冲击性事件一样，新冠肺炎疫情促使人类自我反省。面对威胁生命的病毒，面对人类的脆弱和不朽，我们不禁要反思对于个人来说"真正"重要的是什么？对于社会成员来说，最重要的是什么？我们应当优先采取哪些行动？这些在当前形势下变得越发重要，驱使我们关注以前经常忽视的很多问题。在对话中，理智哲学与道德哲学教授阿米·托马森（Amie Thomasson）强调：

新冠肺炎疫情促使我们反思驱使行动的各类价值观。这部分是因为疫情中断了我们正常的活动……。但也正是在这个时候，我才得以思考，对于指导行动的价值观，我们不应该再引以为傲。一般情况下，我们不会注意到这些，我们只是照常上班、照顾孩子，或者料理其他生活琐事，但我们不会认真思考这些问题。而面对危机时，我们不得不做出反应，反思那些指引我们行动的价值观，反思此类根本性、规范性问题，思考长期以来我们的价值观是什么，并思考我们应当遵从什么样的价值观。这和哲学家托马斯·库恩（Thomas Kuhn）区分的常规科学和革命科学之间的差异性类似。当危机来临，我们被迫放弃常用的行事方式（不管是科学探究，还是日常生活），驻足思考指引我们行动的各类价值观。

危机来袭时，我们不能按照常规方式行事，必须反思引导我们的价值观，这种主张十分重要，因为它促使我们果断行动，寻找必要的解决方案，打造更有韧性、更加公平和更可持续的世界。这也正是《后疫情时代：大重构》一书的核心理念：变化总是令人痛苦的，我们应当把握这一关键时刻，采取必要举措，纠正持续多年的错误。为此，我们必须重新审视道德和价值观的作用。它们到底有多重要？它们如何为我们的决策和行动号召提供有效支持？

我们面临的主要问题是全球性问题，因此如果能够分享一些共同的价值观，我们就能以最有效的方式解决这些问题。但是这可能吗？大卫·克拉考尔认为"既然无法假定我们拥有共同的价值观"，那么要想设计能够凝聚共识、促进协作的具体系统就很困难。和其他几位受访者一样，他也指出在美国等国家，缺乏共同的价值观已属于"既定事实"，极化趋势正在造成民众的分崩离析，让社会体系四分五裂。但是，他也提出了一个建议："我们可以求助于生物学：复杂的生态系统里有多个物种，这些物种之间很少交流，并且拥有不同的目标，那么它们是如何保持一种相对和谐的状态的呢？由此可见，我们必须从生态角度来思考人类，并构建能够支持而不是消灭多元化的制度。"

因此，拥抱多元化观点、意见和信念似乎是有效合作的前提，即便在价值观不尽相同的情况下也是如此。实际上，价值观永远不会完全相同。从心理学和神经科学的角度看，价值观出现分歧是常态。用丘奇兰德的话来说，"人与人之间永远存在差异。人刚出生不久，他们就以所属群体为背景形成了神经回路，他们的社会价值观在这样的背景中不断强化。结果，对道德问题持不同立场的群体很容易认为自己的做法是对的，而别人的做法是错误的"[130]。

这种现象在国际层面表现得最为明显。各国之间存在巨大差异，每个国家倡导不同的价值体系，实行不同的政治制度、经济发展模式、治理模式和社会契约。这种价值的差异不限于地缘政治领域，而是会涉及其他更广泛的领域。拉娜·福洛荷（Rana Foroohar）提供了一个案例，该案例影响了数字经济及其全球治理方式:"一个世界、两套体制的模式是真实存在的,并且会一直存在下去。中国已经表明态度,将会继续加强网络空间治理。中国正通过'一带一路'倡议推行适合自身和一些国家的技术标准,但这很可能不符合另一些国家的价值观。"[131] 在这种情况下,我们上哪去找一套共同的价值体系呢?寻找一套适用于所有人的价值体系可能是幻想,因此最好承认多种价值体系的并存,从而避免一个国家向其他国家强行灌输其价值体系的做法。布兰科·米拉诺维奇在接受本书访谈时对此提出了建议:

> 我认为,如果能减少向别人强行灌输价值观的做法,那么爆发冲突的概率就会降低,世界将会变得更加美好。许多冲突都源自某种骄傲自大的情绪,这种情绪在苏联解体后的西方世界尤为强烈。它们认为西方的制度体系不仅是最好的,也应该是唯一的,每个国家都要努力遵循这样的体系。这种心态已经导致灾难性的干预,并且最终可能引发一场战争。对于所有人来说,世界和平才是最重要的,如果没有和平,我们谈论的一切将无关紧要。但有时候,人们会忘记这一点,尤其是如果他们无须承担战争的后果,能够舒适地闲坐家中,悠闲地送子女上学,但同时还能为战争欢呼。[132]

我们先不讨论这一观点有无道理。值得注意的是，越来越多的非西方思想家和决策者（其中一些接受了我们的访谈）虽然并非直接表达愤怒，但已经厌烦"西方"告诉他们什么是最好的并试图将其价值观强加给全世界。程子俊对此言辞激烈，谴责西方国家的傲慢自大（相信其价值体系最为优越）和一种"白人救世主心态"（西方国家的技术和做法能够拯救欠发达的、治理不善的和遭受污染的非西方世界）。[133]

任何系统都是不完美的，每个国家、地区或文化都有自身的价值体系。20世纪90年代初期，新加坡总理李光耀引发的关于"亚洲价值观"（注重社会团结）和"西方价值观"（个人主义至上）的辩论就充分证明了这一点。但是，联合国193个会员国还是正式批准了一项普适性的价值框架——《世界人权宣言》[134]，其中30项条款详细规定了公民个人的"基本权利和根本自由"，并确认了这些"所有人与生俱来的、不可分割的和普遍适用的"权利和自由构成了世界价值体系的基础。本书支持人文主义价值观，明确将自由、人的尊严和对公益的追求置于首位。

当价值观出现差异（当然会出现差异），一个可行的解决方法是抛开文化、民族和社会准则等因素，确定和聚焦那些关乎全人类重大利益的特定价值理念。环境退化和气候变化是真正全球性的问题，也对全人类构成了重大威胁，因此可以成为第一个共同的焦点。中国科学院科技战略咨询研究院副院长王毅建议我们应当停止对对方的责难。我们不能受到非气候问题的影响，用不同的价值观和意识形态去批评别的国家。托马森则从更加宏大的角度进行了阐述：

> 我们还必须提出一系列其他的哲学问题。比如，我们该如何平衡个人自由、社会繁荣以及气候与环境的需要。然后，我们必须提出规范性问题，比如如何平衡这些价值观和我们更加熟悉的繁荣和人的自治等价值观。在此基础上，我们要参与公共讨论，探讨我们应当具备的价值观和相应的社会规范，确保政策的制定不仅是基于下列出发点："这有利于我的国家"；采取强势姿态，声称"这对我有利，有本事就试图阻止我"；"我们一直就是这样做的"或者"我们这里就是这么干的"。相反，公共讨论需要进行跨文化辩论，明确我们为何要持有某些特定的价值观，为何要以某种特定的方式行事，应当遵从什么样的价值观和社会规范……。彼此的关系越紧密，我们就越需要进行广泛的讨论，并将所有的利益相关者都纳入进来，共同思考我们应当拥有什么样的价值观。[135]

一旦有足够多的人同意一套共同的价值观，我们就可以开展共同行动，推动必要的变革举措。

只有我们将道德和价值观置于生活和制度的核心，上述努力才会产生效果，而这一切要从经济学开始。原因很简单：只有将道德和价值观的问题（再）纳入经济学和政策实践，我们才能有效解决最为重大的全球性挑战。这曾是19世纪"政治经济学"的核心。亚当·斯密等经济学"巨擘"将政治选择置于学科核心，被视作社会哲学家——价值观在他们的思想体系中占据主导地位。相比之下，当代"严谨的"经济分析往往将价值观抛在一旁，好像价值观属于外生性特征。经济学经常会演变成一种抽象数学，从业者将其视作一门工程学科，认为其主要任务是对失灵的"系统"进行修修补补。但本质上，经济学是关于价值观的学科，因为它关乎一个社会的选择。戴安娜·科伊尔（Diane Coyle）指出："认为价值判断可以交给别人（比如当选的政治家）或者相信经济分析专家能够独立于所处的社会之外，这些都是错觉。"[136]我们会把效率和贴现率等基本的经济学概念看作技术问题，但实际上应该将之视为价值概念，因为"当你在竭力思考公共政策的效率时，你是想弄清楚什么才能造福社会，这会让你不自觉地思考分配的问题，搞明白哪些人会从中受益，哪些人不会从中受益，同时也会促使你思考道德选择"[137]。在计算贴现率（在当前价值基础上，利用经济模型评估未来资产和生活的价值），了解气候变化对子孙后代的影响时，价值观也同样发挥着重要作用。尼古拉斯·斯特恩直言不讳地指出："漫不经心地对待风险……意味着经济模型一直具有很大的误导性。……贴现理论未能与其道德基础建立联系，也未考虑到全球变暖可能会让子孙后代变穷的风险。"[138] 在此，我们有必要引用他的完整表述，用来支持下述观点：如果我们希望全面而有效地应对错综复杂、相互交织的全球挑战，就必须将价值观纳入我们的各项政策。

（新型经济学）应当研究（内生性）信念和偏好的快速变化，要考虑到分配对当前和未来的影响和风险，包括结构性变化带来的影响和风险。不可避免地，所有这些都离不开对价值判断的明确分析和讨论。这些因素或问题组合难以纳入标准的一体化评估模型，但却是理解气候变化政策的核心问题。我们必须加强经济分析，将这些纳入政策考量。我们也应当认识到，包含在上述因素中或者与之类似的问题也会存在于经济学的其他领域。在这些领域，重大风险和根本性变化处于相关挑战的核心。因此，我们在这里提出的问题主要是为了理解应对重大挑战的政策，这些问题事关整个经济学，而不仅仅是关于气候变化的经济学。[139]

有关价值观的真相同样也是道德的真相：不能将其从经济学和我们所做的决策中排除。一般来说，经济学研究往往比较轻视道德问题（将其留给道德哲学家和社会科学家），但是道德判断始终影响经济学和经济政策行为。此外，道德是个人行为的重要因素，也会影响经济结果。因此，道德"影响着当前的经济表现"[140]。

随着神经科学、心理学和行为科学的跨界融合带来更多洞察，道德一定会慢慢进入经济学。如前所述，将经济人描述为优化的"机器"是不全面的。我们现在知道，支撑古典经济学的基础概念（比如利益最大化、固定偏好和理性决策）要么是错误的，要么具有极大的局限性。确实，人是自私自利、充满妄想且目光短浅的，但同时人也具有深刻的利他主义品质，能够满足别人的需求。我们不仅关心自己的子女和家人，关注他们的未来，而且也关心他人和地球的未来。因此，道德和价值考量经常会影响我们个人和集体的决策。叙事经济学、演化经济学和主体建模等新领域开始将其纳入研究范围。道德和价值的影响力在提高，但目前仍然处于早期阶段。与此同时，一些"主流"经济学家也开始让公众认识到不能将道德和经济学割裂开来，芝加哥大学的路易吉·津加莱斯（Luigi Zingales）就是其中之一。[141] 他在裙带资本主义、规制俘虏理论以及"大企业"和"大政府"进行恶性串通等领域进行了开创性的研究，帮助人们了解为什么有些措施是为了解决环境退化或缓解不平等，结果却遭到有关方面的抵制。如果企业或行业设立了有利于自身的游戏规则，那么就形成了某种形式的"合法"腐败，从而破坏竞争环境、阻碍市场运行，并且有损资本主义的名声。有鉴于此，只有将道德和价值观至上的理念纳入政策核心，才能重新激发对社会公众利益的探求。丽贝卡·亨德森（Rebecca Henderson）尖锐地指出：

> 我努力劝告从事经济学研究的同事：让地球燃烧起来不仅不利于商业，而且对于经济学本身来讲也是极为不道德的。……根据某些假设，当市场实现充分竞争和外部效应得到完全定价时，利润最大化就能帮助我们达到帕累托最优边界，从而有可能实现社会福利的最大化。但是，在市场竞争不充分和外部效应也未完全定价的情况下，我就可以免费释放温室气体，给公众健康带来巨大伤害，连续数千年给数百万人造成伤害，然而这并非经济学最初设想的市场，也不是问题的根源。因此，我花了大量时间使用经济学的基本原则，反复强调经济学从来都是讲究道德的。你本以为你可以提取经济学的抽象概念，然后只要做做数学题就可以了，但当市场严重偏离这一规律，你就不得不考虑道德的问题了。[142]

企业及其所在的经济体都属于人类社会制度范畴。因此，有关我们如何工作、如何获取报酬、如何调查健康状况以及如何满足社区需求等问题的决策，都包含着特定价值体系下的道德考量。像薪酬这样"简单的"问题尤其体现了这一点。平均而言，美国顶级首席执行官的收入要比"普通"员工高351倍。这难道只是企业薪酬委员会可以完全自行决定的技术或治理问题吗？还是应该涉及某一道德维度？投资银行这样的行业要求高额的奖金，而医学之类的一些行业则没有奖金。一名做空交易员可以获得数百万美元的奖金，但一名能够救命的心外科医生却没有奖金，而且也不会期望在手术成功后，从病人的未来收入中获利。这是一个被广泛接受的事实，还是代表了我们的某种价值观呢？总的来说，无数日常的商业和经济决策都避免不了道德宣扬和价值判断。

马克·卡尼（Mark Carney）在他的《价值：建设一个更好的世界》[*Value(s)*：*Building a Better World for All*]一书中指出，资本主义造成了市场价值观和人类价值观的系统性错位，因此未能打造一个公平、强韧的世界。[143] 市场价值观要给一切定价，除了不能用市场价格衡量的东西，比如人类价值观。但是我们生活在市场化社会中（而不仅仅是市场经济中）[144]，万事万物的价格正趋向其价值。因此，我们逐渐无法确定道德品质的具体价值，而道德品质对于社会的正常运行至关重要。

真正共同的价值观和被广泛接受的道德原则，比如诚信、团结和公平等，是凝聚社会的黏合剂，促使社会在相互信任的环境中运行和发展。当前，我们共同面临着巨大的问题（致命病毒让我们对死亡心生恐惧；气候和环境危机以及自然退化让我们对未来充满恐惧；快速的技术变革让我们对生计和生活方式充满焦虑），这通常会改变我们的态度，让我们从利他主义走向以自我为中心。自私自利的立场促使我们否认他人的意见，造成群体的分化。今天，这种分化正在导致社会的分裂，对生存基础构成了严重威胁。要有效应对这种情况，我们就必须重建信任。为此，政治和商业领袖必须不负所托、率先垂范。只有践行对价值的承诺，他们才能获得权威，来实施价值导向的重大政策；也只有这样，这些政策才能真正服务社会，避免越过地球生态红线。

3.4_ 公共政策

为控制全书篇幅，本节只讨论制定政策的大致轮廓，暂且略过其中细节，其目的只是表达对"应当采取什么措施"的信念以及对未来政策的看法。我们的首要主张是政策必须可持续，因为没有其他有益于社会、经济和环境福祉的可行方式。简而言之，可持续发展是唯一可行之道。

然而，并非每个决策者、选民或公民都认同这一观点。许多人仍在质疑经济去碳化的步伐是否过快（甚至是否应当这样做）。此外，一些企业、行业、地区甚至国家都存在既得利益，它们完全有理由延缓可持续发展。但科学事实无可争议。正如联合国政府间气候变化专门委员会和这一领域的众多科学家所说，如果不立即采取果断行动，我们的生物圈将严重恶化，从而拖累全球经济增长，降低我们的生活水准，并进一步破坏政治和社会稳定。

如果说科学是无可争议的，那么在某种程度上，常识也是如此。没有社会的可持续发展，何来环境的可持续发展，这不难理解。两者紧密交织，必须齐头并进。如第2章第4节所述，在许多国家，本应凝聚社会的社会结构分崩离析，引起不信任、焦虑乃至愤怒，民众普遍感到不满和不安，反过来导致两极分化和民粹主义。抛开道德考虑，民粹主义往往也有损可持续发展。首先，民粹主义与气候怀疑论高度相关[145]；其次，民粹主义助推煽动者上台掌权，而后者对复杂问题（环境政策即其中之一）只能提供过于简单、不切实际的方案，无益于解决困境。此外，民粹主义还进一步侵蚀社会资本。事实上，气候政策就是社会政策，在发展中国家可能比在富裕国家更是如此。最贫困的群体通常受全球变暖的影响最大，应对气候危机的资源也最为匮乏。因此，巴基斯坦等国家将社会福利和气候行动这两个目标置于长期立法工作的核心。[146]

可持续发展通常的定义是：在满足我们自己需求的同时不影响子孙后代满足其需求的能力。为此，我们必须扪心自问应该给下一代留下什么，才能确保他们拥有至少和上一代人同样良好的机会？我们想把哪些资产留给他们？我们自然会想到物质资本（基础设施、建筑、机械）、自然资本（生态系统，包括水、空气、土地、森林、生物多样性和海洋）、人力资本（健康和教育）以及社会资本（公众信任的可靠的制度和社会凝聚力）。这四种形式的资本缺一不可，后代的发展状况关键取决于自然资本、人力资本和社会资本的质量，但这些资本往往被认为并非同样重要或相关。[147]可持续发展的关键意义就在于此。环境可持续发展有助于保全自然资本，社会可持续发展则有利于保障人力和社会资本的质量。

为此，可持续发展共同议程应当以两大基本目标作为指导。第一个是联合国所有会员国于2015年通过的可持续发展目标。这17个目标的基本理念是为了结束贫困与其他匮乏状况，必须同时采取旨在改善健康与教育、缩小贫富差距以及刺激经济增长的战略，同时应对气候变化并努力保护海洋和森林。[148]第二个是遵守《巴黎协定》关于气候变化的目标，减少温室气体排放，实现将全球平均升温幅度控制在比工业化前水平高2℃以内的目标。

政策上的当务之急（和挑战）就是尽可能迅速、有效地实现这一全面议程。由于导读中提及的原因，勾画积极愿景以尽可能鼓舞更多人非常重要。目前，太多负面报道围绕着绿色增长（以环境可持续的方式实现经济增长）"行不通"、"不可能"、"自相矛盾"或"动了我们的奶酪"的观念而展开。上网简单搜索就会发现，这些故事很多时候就是主流叙事的内容。事实上，如果我们制定适当政策，完全可以兼顾经济增长（虽然需要转变增长方式）和环境可持续发展。积极愿景必须伴随着这些变化，在取代消极愿景的同时带来希望。后者往往声称人类陷入了绝境，唯有停止增长（确实是个选项，但将给社会和政治带来灾难性的后果）或接受我们的命运，那就是放弃希望（对后代而言）。在我们的采访中，约翰·罗克斯特伦提供了一段非常精彩的叙事：

> 当前形势几乎让人精神分裂。我们有绝对的理由担忧现状，但向可持续、健康和公平的未来转型仍具有极大潜力。为什么会这样？原因很简单。越来越多的证据表明，在各个地区和部门，可持续发展不再是愿意支付多少钱来减少损害的传统环境问题，而逐渐被证明是通往成功和实现现代化的必由之路。可持续发展不仅涉及技术，也关乎系统设计、循环模式、安全、迁徙、移民

和冲突。值得注意的是，要打造全面公平的竞争性经济，有效创造利润和就业机会，可持续发展实际上是唯一途径。一个有力的证据就是为生存而激烈竞争的汽车行业。这不是因为它们想拯救地球，而是一切为了生存。为此，可持续发展就是必由之路。这是奔驰、沃尔沃、丰田和其他公司实现愿景的唯一方式。因为电动汽车、无化石燃料的钢铁、使用稀土金属的循环运作才是市场需求所在。这是人类最有希望的方向。本质上，可持续发展是国家、公司、地区和社区实现繁荣、走向公平未来的道路。以食品为例，如果不实行可持续发展，我们绝对无法在未来养活100亿人——没有任何路径、任何模式能证明这种可能性。火灾、干旱、洪水、疾病等灾难将无法避免。我们不能一方面继续毁坏环境，一方面还奢望自然界保有高效的传粉媒介和提供食物的能力。可持续发展愿景蕴含光明前景，是我们最具潜力的方案，如同完美的动作电影剧本：灾难即将来临，但一位英雄快速提供可扩展的解决方案，拯救人类于水火之中。

总而言之，盈利和可持续发展并非完全对立。本书用几个章节描述了整体经济系统所需的"绿色"变化，完全可以演变成为绿色增长愿景——事实上是唯一可能的版本，因为长期以来的碳密集型增长已不复可行。因此，我们可以描绘一种宽泛的绿色增长愿景：在实际利率仍然低迷的经济世界中，通过绿色转型所需的多种重大投资刺激就业和需求。人类凭借智慧、探索和投资激励创新，让我们的经济更加强大。我们发现了比过去更有效、更清洁的新方法。例如，我们意识到有可能重建全新的城市，使呼吸更轻松、出行更方便、生活质量更高。尼古拉斯·斯特恩说："相对于过去的重污染模式，这可能是一种极具吸引力的独特方法，能在许多方面增进社会福祉。这一任务虽非易事，但确实明智且富有吸引力，而且在我们的掌控之中。我们必须从根本上做出改变，特别是应当大力投资和创新，以实现这一目标，而这就是挑战所在。"[149]

环境可持续发展

环境可持续发展的前景令人振奋，但政策挑战也十分艰巨。以欧洲绿色新政为例。作为全球最雄心勃勃的政策举措之一，欧洲绿色新政旨在将欧盟（包括 27 个成员国）转变为低碳经济，改善公民福祉，同时维持经济繁荣。[150]其中有三个关键点：第一，到 2050 年实现温室气体的净零排放；第二，经济增长与资源使用脱钩；第三，涵盖所有人和任何地方（社会可持续发展）。欧盟委员会主席乌尔苏拉·冯德莱恩称其为"欧洲的

'人类登月时刻'"[151]。欧洲绿色新政的基础包括广泛的立法和法规框架，其明确目标是到2030年实现50%~55%的减排（与1990年的水平相比），到2050年在欧盟范围内实现净零排放。此外，为鼓励私营部门的创新和投资，还提出了一系列激励措施作为补充。许多领域都制订了具体行动计划，关键目标包括减少浪费、更有效地利用自然资源和阻止物种损失。欧洲绿色新政明确指出，从能源、运输和制造业到食品、建筑和旅游业，欧洲经济几乎每个主要行业都必须进行全面改革。欧盟委员会估计该计划至少需要1万亿欧元，同时每年需要2 600亿欧元的投资来实现2030年排放目标。[152]部分费用将由私营部门承担，通过欧洲投资银行的贷款担保（该银行本身已承诺逐步取消对化石燃料项目的贷款），鼓励企业投资绿色经济。此外，欧盟委员会也承诺拨款1 000亿欧元建立公正的转型机制，重新培训在脱碳转型中失业的工人。[153]

与经合组织一样，欧盟委员会认为对高新科技产业的投资将为变革带来回报，绿色转型最终将创造就业和经济增长。[154]正如乌尔苏拉·冯德莱恩所说："欧洲绿色新政是我们新的增长战略——我们需要为此付出代价，但也会收获更多回报。"[155]

魔鬼始终在细节中。欧盟国家和其他地方一样，为了兼顾经济增长与环境可持续发展政策，需要做出无数立法和监管决策，需要进行复杂的权衡取舍。例如从宏观出发，以往没有设定碳排放价格的国家/地区，必须直接通过税收或间接通过监管进行碳定价（根据多项研究，全球碳成本必须从现在的大约10美元一吨立即增加到60美元一吨，到2030年上升到75美元一吨，才能达到《巴黎协定》的目标）。[156] 国际货币基金组织估计，到2030年碳排放价格将从每吨3美元增加到75美元，而英格兰银行预测的增幅更高。[157] 除了碳税，其他各种税收改革政策都需要纳入条款，进一步向环境税倾斜。在选择具体项目时，基础设施政策将需要更好地反映环境的外部性，并在运输定价中反映这些因素。同时，政策必须有利于低排放的运输方式。逐步取消扭曲可持续粮食生产和贸易的农业补贴也很重要，尽管会涉及敏感而危险的政治因素。最后一点说明了权衡取舍的复杂性，特别是在确保环境可持续发展的必要政策与包容性和社会公平政策之间。欧洲绿色新政强调"涵盖所有人和任何地方"这一原则，正是因为（在世界其他地区）提高环境税或取消化石燃料补贴将给弱势群体带来更大的负面影响。因此，对社会弱势群体的保护措施必须成为一揽子政策的重要组成部分。

如此雄心勃勃的政策能落地推行吗？是的，可以！有四个同时存在的原因，表明现在正是快速开展大规模行动的良机。第一，新冠肺炎疫情表明政府有足够能力在面对重大冲击时果断行动。此外，实际利率的低位有利于实施重大投资计划（但在新兴市场更有难度）。第二，空前的重大技术革新将催生新型可持续发展方案，同时降低转型成本（如本章第 7 节所述）。第三，时代潮流已经改变，国际社会认同不能一拖再拖，现在必须行动。第四，青年激进主义愈演愈烈，因为年青一代希望改变世界，渴望更可持续的环境和社会。[158]

尽管如此，我们个人仍有必要通过改变行为，对政策做出自己的贡献。为了认真应对气候变化，我们既需要雄心勃勃的政策措施，也需要彻底改变集体心态。为避免气候灾难，我们必须在国家、行业、公司以及个人层面，以空前快的速度减少排放。这意味着作为个体，我们在消费、旅行和饮食中都需要大幅降低碳消耗。

这些新政策都需要适应前所未有的限制，特别是在不太富裕的国家。程子俊明确指出这一点，暗示下文提及的国家地位将日益重要：

> 我认为下述观点本质上是个巨大的谎言：到 2050 年，60 亿亚洲人可以或应该渴望通过消费主导的资源密集型发展模式，过上像欧洲人和美国人一样的生活。因此，我们必须重新定义他们如何在气候或碳约束的世界中获得基本权利。这是当下的难题。如何处理这个难题？我们无法

诉诸不切实际的声明和市场工具,而需要制定严厉的规则。市场不会提供这些规则,只能由社会组织来提供,那就是国家。[159]

社会可持续发展

新冠肺炎疫情表明,严重的危机有助于增强国家的力量。在疫情期间,政府的好坏(卫生系统与政策是否健全、公务员是否称职)可以决定人的生死或者收入的高低。新冠肺炎疫情危机促使大政府回归,这一趋势不会逆转。就像对疫情而言,很难想象用纯粹的市场化方案来解决外在危机,例如自然和气候变化紧急状况或是贫富差距加剧所激化的社会危机。正如《后疫情时代:大重构》中所述:

> 几乎是一夜之间,病毒让人们重新认识了私营领域和公共领域之间复杂而微妙的平衡关系,并且让天平倾向了后者。它展示了社会保障的效率,也表明将医疗和教育这样更加重大的责任推卸给个人和市场不符合社会的最大利益。有种观点认为,政府可以提供更好的公共产品,而缺乏监管、失控的经济发展会极大地破坏社会福利。几年前,这还是一个不太为人所接受的想法,但是如今陡然发生了

令人惊讶的转变，成为一种普遍的社会观点。在衡量政府和市场关系的表盘上，指针已经明显地指向了政府一方。

自从玛格丽特·撒切尔捕捉到了时代气息，宣布"没有所谓的社会"（1987年）以来[160]，政府第一次占了上风。后疫情时代的一切都促使我们反思政府的角色。根据经济学家玛丽安娜·马祖卡托的建议，政府不应只是简单地修复失灵的市场机制，而应当"积极塑造和打造市场环境，促进经济的包容性和可持续增长。政府还应保证牵涉政府资金的商业合作是为了造福公共利益，而不是为了追逐利润"[161]。展望未来，各国政府很有可能（尽管程度不同）得出如下结论：改革部分游戏规则和永久性强化政府的作用最符合整个社会的利益。在20世纪30年代，正是通过强化政府的职责，美国才逐步解决了大规模失业问题和经济不安全问题。面对当前的形势，在可预见的未来，类似的行动计划很可能再度成为现实：政府发挥越来越重要的作用，提供多种服务以支持人力和社会资本。具体形式将取决于各国国情，我们可以在此概述一些比较显著的共同点。

社会保障、健康和失业保险将得到加强，甚至最"市场化"的国家也会考虑乃至实施改善失业福利、延长病假等各种社会保障措施，以此缓解冲击带来的影响，并加强社会资本

（使经济有效运作的润滑剂）。在许多国家，重新让工会参与进来将加速这一进程。如此一来，股东价值将成为次要的考量因素，让位于利益相关者理念（下一节将阐明）。总体来说，针对许多问题的监管都会加强，比如工人安全或者部分商品只能从国内采购等问题。关于环境和社会问题，政府也会向企业追责，要求它们参与解决。此外，政府会鼓励开展公私部门合作，推动企业更多地参与降低全球风险。姑且不论细节和具体形式如何，政府的作用会不断被强化，世界各国、各行各业的企业管理者都必须适应不同程度的政府干预。健康、教育（人力资本的两个基本支柱）以及气候变化解决方案等全球公共产品的研发会积极推进。税率会提高，尤其是针对富有人群的税率，因为政府需要加强抗风险能力，并希望加大投入力度。对此，约瑟夫·斯蒂格利茨（Joseph Stiglitz）提出下列主张："首要任务是……为公共部门提供更多的资金，尤其要为复杂社会中专门防控各类风险的公共部门提供资金支持，同时还要资助科学研究和优质教育，为未来繁荣奠定基础。在这些领域，我们可以快速创造富有价值的工作机会，包括研究岗位、教师岗位以及相关机构的运营管理岗位。"[162]

未来方向一目了然。在美国，拜登总统的"重建美好未来"法案（支出规模缩减至1.8万亿美元）将"家庭计划"和气候措施置于国内议程的核心，为创建更公平、更可持续社会迈出了一大步。欧洲的福利制度被誉为世界上最广泛、"最慷慨"的国家制度，它可能还会进一步扩大。保障水平因国家（福利政策的管理者）而异，但欧盟委员会已经启动了7 500亿欧元的"新冠复苏基金"，设定了四大支柱，其中两大支柱旨在减少社会和地区不平等，并增强经济凝聚力。[163] 在日本，岸田文雄的"新资本主义"（有反对者称之为"老旧的社会主义"）[164] 特别强调以收入再分配终结现行的新自由主义路线。这样的例子不胜枚举。在富裕国家，政府愿意投资于人力和社会资本，并在此过程中增强国家的经济实力，因为它们认识到：其一，这将改善经济和社会福利；其二，这是防止民粹主义崛起的最佳保障。后一点至关重要，因为要想应对社会的不满情绪和民粹主义，不能简单地采取"向问题砸钱"的办法。系统性问题需要全方位的应对策略，并可能有必要重新定义政府的作用。拉古拉姆·拉扬表示：

> 货币融通（向金融系统注入流动性）并没有解决发达国家弱势群体的根本问题和发达世界欠发达的根本问题……弱势群体面临的问题是如何发展，并不需要刺激性的金融政策。他们需要适当的学校教育和医疗保健，以参与激烈的市场竞争。答案不在于向他们提供更多低成本信贷，而在于弄清楚如何建设基础设施和适当的学校，如何

监督并确保学校教学内容的质量,从而使每个人都能获得必要的竞争能力。这就是需要解决的结构性问题,在巴黎郊区或者美国中西部小城市的郊区都是如此。如果我们不解决这个问题,焦虑、民粹主义、中断国际交往的现象将不断出现。[165]

政府在政策中的突出作用未必等同于(目前主流认同的)"大政府"回归。许多原因表明,未来几年政府支出占 GDP 的比重将增加,但功能和作用也将发生变化。

政府开支将增加,是因为随着时间推移,公民(特别是富裕国家的公民)的期望也越来越高。在透明化(一切都可以即时比较)、快节奏的现代世界,我们觉得有权获得更清洁的环境、更优质的医疗保健、良好的教育、更高的养老金和更完善的基础设施。总而言之,随着我们越来越富有,我们期望不断提高生活水平。我们也期望政府能对环境恶化和气候变化有所作为。因此,各国政府别无选择,必须尽力满足这些期望。有些项目需要政府大幅提高支出,比如老龄化带来的医疗支出和养老金上升,快速技术变革需要的教育和再培训等。生产力的提高势在必行,但对于资质欠缺的低收入劳动者来说,技能调整将困难重重。让工人适应变化并确保尽可能平等地分配利益,需要政府做出巨大努力。"好政府"与"坏政府"的差别在于政府推动净零排放的速度,以及能否同时实施福利政策,使社会更公平、更繁荣。没有什么能阻止政府对人类的进步发挥更大的作用。国家不一定是障碍,也可以促成改善。

正是由于这个原因,未来几年,国家的目的、作用和功能将发生改变。马祖卡托的"大构想"就包括"反思国家"的内容。多年来,她一直认为我们不能仅将政府视为"修复者"。抱着这样的态度,就会觉得"我们眼前的那种国家,作用太少,行动太迟,总是修修补补,没有生命力"!相反,我们需要"反思公共机构、公共部门、公共价值、公共目的和企业型国家的概念,从而获得更多的指导,与企业建立更好的伙伴关系"[166]。简单地说,国家和企业可以成为良好、有效的合作伙伴,如果我们认为政府定位于"企业型",那就更应该如此。主流经济学的传统观点认为,政府无法激发创新,只应在"市场失灵"时出手干预。这种观点站不住脚。放眼世界,政府刺激创新、创造新市场和像企业一样发挥积极作用的例子比比皆是,在硅谷和以色列都是如此。[167]

强大的国家与企业建立富有成效的伙伴关系,是否足以实现环境和社会的可持续发展?是的,前提是妥善管理期望值。正如本书若干内容所述,向前迈进的最佳方式是关注小事,着眼于具体的社会群体。高谈阔论似乎总是让人失望,产生挫败感。相比之下,自下而上行动,一步一个脚印,逐渐取得进步和创新，效果似乎最好。涓滴成河，最终将实现整体局面的改善。

对于欧洲绿色新政这样雄心勃勃的大型工程，重要的在于"新政"。"绿色"相对容易理解，每个专家和政策制定者都清楚需要做什么，知道如何去做。"新政"才是棘手的部分。除非在大叙事的指引下，环境和社会可持续发展才能齐头并进，否则就不可能让所有人都心悦诚服。

3.5_ 韧性

新冠肺炎疫情凸显了韧性的重要性。韧性是指面对逆境继续发展的能力和从困境中恢复的能力。随着我们逐渐进入后疫情时代，韧性已成为一个流行术语和一种"不可或缺"的品质。这绝对可以理解！每个人都想提高韧性——为此，数百本书纷纷问世，包括 2021 年出版的《新手提高韧性》(*Resilience for Dummies*)。大量课程上线，介绍如何以最好的方式应对冲击，面对威胁时如何继续成长等。个人、社会和经济韧性相互交织，因为和所有好的做法一样，韧性源自家庭，始于你我。

新冠肺炎疫情让我们共同意识到身心健康对于追求韧性的重要性，也认识到全面提高韧性的必要性。社会韧性和个人韧性一样重要，正如关爱地球和关爱个人同等重要。世界不太平，我们个人也无法安好。一个社会缺乏韧性，生活在其中的每个人也就无法拥有韧性（在一个分崩离析的社会中独自强韧只会让我们变成求生者）。从环境角度看，这种个人韧性与社会韧性之间的功能对等就很容易理解了。关爱个人对于提高我们自身的韧性很重要，但这部分取决于一些我们难以控制或根本无法控制的事物，比如能否获得清洁用水、富含营养的食物和良好的空气质量等。同理，关爱地球对于提高社会韧性至关重要，而这取决于采取一系列政策措施，遏制环境退化、减少碳排放和大规模应用基于自然的解决方案。利益相关者经济、绿色投资和循环经济等原则弥合了个人韧性和社会韧性之间的鸿沟，使之成为相互促进的整体。

必须提高社会经济的韧性将成为后疫情时代的主导性思维。经济学家马库斯·布伦纳迈耶（Markus Brunnermeier）在其新作《韧性社会》（*The Resilient Society*）中表达了这一观点，他指出："韧性可以作为后疫情时代社会规划的指路明灯。"[168] 在他看来，一个社会如果能将提高韧性置于首要位置，就能更好地抵御本书第 1 章提出的所有类别的全球性风险（比如经济和金融危机、大流行、极端天气事件、网络攻击、供应链瓶颈和冲突等）。近年来，为了应对此类冲击事件，许多社会要么试图避免事件的发生，要么被动采取控制措施，这也是新冠肺炎疫情高峰期大多数应对措施的特点（比如清零政策和复杂的卫生管控措施）。但是，如果能够投资于制定机制和政策，在承认冲击存在的基础上，助力社会经济的复苏（比如开展广泛的疫苗接种）将会更有意义。其中的逻辑如下：我们不应当回避风险，因为只有承担风险，社会才能不断取得突破，实现繁荣发展。相反，不愿意拥抱风险的社会将会变得非常脆弱。因此，一个似乎有点自相矛盾的方法是，"和不计成本全力回避风险相比，时不时经受一次小规模危机似乎更为可取。危机是进行必要调整的机会"[169]，也代表着一次可以提高韧性的机会。

熟悉《橡树和芦苇》这首诗的人都知道，坚固不同于坚韧。韧性不等于抵御一场风暴，然后痛苦地从风暴中恢复过来。在这首17世纪的寓言诗歌中，法国诗人拉·封丹将橡树的坚固和芦苇显而易见的脆弱进行了比较。橡树对于自己的力量感到自豪，认为可以抵御风力和大自然的其他力量，然后嘲笑栖身于树下的卑微的芦苇，认为它总是随风飘摇不定。但在这首诗的结尾，由于风力太强，橡树被连根拔起，而芦苇在暂时性地被风吹倒之后，很快就恢复了过来。诗云："我弯而不折。"这首诗告诉我们，芦苇面对困境展现出强大的韧性并得以生存，而橡树虽然很坚固，但当冲击来临，遭受的损失便无可挽回。这再一次让我们想起临界点这个概念。如果缺乏韧性，个人、机构和社会的结局就会像拉·封丹笔下的橡树一样——面对不可预知也难以缓解的风险，达到一个临界点之后难以恢复，或者需要克服巨大困难方能恢复。

提高系统和社会韧性的解决方案并不缺乏，其政策影响也可以清晰界定。布伦纳迈耶在他的书中就提出了几种解决方案，其中有些适用于系统，比如全球供应链或金融市场，有的适用于社会和国家。对系统来说，增加备份和缓冲配置显然是一个提高韧性的解决方案。供应链备份和金融市场缓冲配置（比如针对商业银行的资本要求或针对中央银行的外汇储备要求）具有突出的意义。对于社会和国家来说，保护弱势群体是提高韧性的一种途径，它不仅可以避免社会负面效应，也可以证明韧性这一概念可以"用来指导制定惠及万民的社会契约"[170]。

截至本书撰写完成时，如何提高全球供应链的韧性是最热门的讨论话题。目前，全球供应链错综复杂、难以管理，关注效率而轻视韧性。经过不断的优化，供应链在疫情暴发之前已经发展成为非常脆弱的复杂适应系统，对成本效益的追逐清除了本可以保障韧性的系统备份。然后，当不可预知的风险来袭时（比如2021年夏季和秋季，供应链需求激增、供应不足），就会产生级联效应，导致系统崩溃，触发瓶颈和资源稀缺，随之带来严重的第二轮反应（比如通货膨胀或者缺失中间商品和零部件的行业出现失业问题）。面对这种情况，"以防万一"的模式开始代替"即时"供应模式。实践证明，"即时"模式精益高效，但同时也非常复杂和脆弱（复杂性带来了脆弱性，并往往导致不稳定性）。因此，系统简化成为一种对策，有助于提高系统韧性。这意味着，承载着四分之三全球贸易的"全球供应链"将会不可避免地衰落。当然，这不会在一夜之间发生，因为供应链的清理是个难事，但趋势和方向确凿无疑。如果盈利水平取决于"即时"全球供应链，那么企业就必须反思自身的运营方式，并且有可能在效率和利润最大化上做出让步，从而获得"供应安全"和系统韧性。因此，企业要真想防范潜在颠覆，不管这种颠覆来自单个供应商、贸易政策的波动，还是源于国内外政治的影响，都必须首先考虑韧性问题。实际上，这就迫使企业不惜成本，提高储存量并进行系统备份，来发展多元化的供应链。此外，企业也必须确保在供应链内部采取同样措施：评估整个供应链的韧性，评估范围涵盖终端供应商，甚至包括供应商的供应商。提高韧性会产生额外费用，因此生产成本必然会提高。这一革命性的措施将会深刻影响宏观经济。

　　提高韧性已经超越商业领域，成为一项优先政策。在英国担任轮值主席国期间，七国集团将提高韧性明确设定为一项关键目标，并专门指定了一名七国集团经济韧性特使。[171] 相应的报告已于 2021 年 10 月发布，内容重点介绍了提高全球经济韧性、防范未来风险和冲击（不管是新冠肺炎疫情这样的急剧风险，还是财富和收入极度分化这样的长期性风险）的重要性。[172] 本书前文已观察指出改善全球合作的绝对必要性，七国集团这份报告（"康沃尔共识"要逐步取代此前的"华盛顿共识"）同样评估了我们面临的重大集体行动问题，并指出只有增强国家能力（新型全球共识支持的新型社会契约）、加强国际合作和协调，才能获得必要的系统韧性，为未来任务做好准备，有效应对不断升级、相互交织的各种危机。

　　七国集团关于经济韧性的报告建议从根本上反思经济发展理念，主张我们应当放弃国内生产总值、总附加值或财务回报等经济增长指标，转而评估我们能否共同实现宏伟目标，比如避免气候崩溃或彻底战胜大流行等。为了提高韧性，该报告提出了七项关键建议，其中有三项关乎重大的全球性问题：新冠肺炎疫情，疫后经济复苏，气候崩溃。针对新冠肺炎疫情，报告呼吁七国集团确保全球疫苗公平，并开展巨额投资，提高大流行的防控水平。公平获得源自大规模公共投资、能够推进采购承诺的创新成果被视作首要任务，它要求采取全新的知识产权保护策略。至于疫后的经济复苏，报告支持加大国家投入，支持尼古拉斯·斯特恩提出的建议（将这类投入每年占GDP的比例提高至2%，即到2030年每年投入1万亿美元的资金，支持经济复苏）。但是光靠资金投入还不够，还要通过新型契约和制度性机制，评估和激励创造长期公共价值，而不是短期私人利润，从而引导公共资金的流向。关于人类面临的最大挑战——气候危机，这份报告呼吁建立一个"专注气候科技的欧洲核子研究组织",聚焦如何通过下列方式实现经济脱碳：引导公共和社会投资进入目标高远的项目，比如消除大气层中的二氧化碳，为航运、航空、钢铁和水泥等"难以减排"的行业设计零碳方案。拟议设立的这一多边跨学科机构有望发挥催化剂作用，在可再生能源和循环生产领域开辟新市场。

这些建议与本书邀请的专家学者和决策者提出的许多其他建议不谋而合，比如建立"专注气候科技的欧洲核子研究组织"的建议就呼应了威廉·诺德豪斯在前文提出的建议：在国家资金的支持下开展除碳研究。如此，一个新的模式就会浮出水面：未来公共和私营部门将会开展更加紧密的合作，国家将在提高韧性的过程中扮演更加强大的担保人角色。在就不确定性和韧性问题发表评论时，戴安娜·科伊尔指出："如果政府的部分职责是提供广泛意义上的社会保险来保障社会民众，帮助民众应对他们自己也无力控制的事情，那么消除供应链漏洞或脆弱性、应对未来大流行的问题显然已经迫在眉睫。"

一些受访者则思考得更加深入。比如，程子俊就提出一个新的说法——"有保障的韧性"（IR1.0），大致是用来了解"未来三十年，人类最先进的创造将用来干什么"。他认为根本的问题在于我们能否使用技术这把万能钥匙，解开我们面临的多重问题；或者我们能否发挥技术的力量，确保人类文明具有足够的韧性，能够应对全球性问题，同时为所有人带来持续的繁荣。他以印度为例来解释他的观点："印度还有6亿人没有像样的住房，我们必须用最好的工业材料科学与技术来解决这个问题。食物将是个大问题：我们如何用数字技术和大数据来解决这些问题，而不是生产人造肉以及那些生物科技创新成果呢？这是数字技术过度扩张带来的一个大问题，我们要使用这些创新技术来重建社会基本结构——实现有保障的韧性。"

提高韧性如今已成为常规的政策议题，而一些雄心勃勃甚至有点激进的想法是关于如何在经济和社会层面推进这项议题。这可能是一项包罗万象的宏大项目。在接受访谈时，薛澜提出应当仿照联合国安理会的结构，打造一个"全球韧性理事会"，专注于应对困扰国际社会的非军事类挑战。

3.6_ 商业的作用

商业在经济和社会中的作用向来都是一个热点话题。如果我们认同经济发展的最终目的是推动社会进步，那么同样的逻辑也适用于商业。企业是在经济中运行的（在经合组织国家，企业贡献了72%的GDP）[173]，但它也植根于自然生态系统，是围绕员工、客户、股东和当地社区构建起来的。因此，企业最终要为我们服务，这是再合理不过了。

问题的核心围绕"股东和利益相关者价值"（或"股东和

利益相关者理念",两者可以互用)这一概念展开。一个企业的最终目的只是为了企业所有人创造价值(股东价值)吗?还是在为企业所有人创造价值的同时,也为社区、客户、员工和供应商创造价值(利益相关者价值)呢?几十年来,"股东至上"的原则一直占据上风,最虔诚的推崇者米尔顿·弗里德曼(Milton Friedman)在其著述中恪守着这一原则。1970年,在获得诺贝尔经济学奖之前,弗里德曼在《纽约时报》专栏撰文指出:"企业有且只有一个社会责任,那就是提高经营利润。"[174] 从20世纪80年代到21世纪初,"股东至上"的原则愈发神圣不可侵犯,它完美契合了这几十年的时代风潮:金融市场持续增长;华尔街繁荣似乎永不落幕;宏观经济日益金融化;企业季度报告不断成为各方关注焦点;新自由主义思想无可置疑地占据主导地位。近年来,商人对社会或环境的关心程度逐渐上升,用弗里德曼的话来说,这简直就是"纯粹的、不折不扣的社会主义"。在此,我们有必要详细引用弗里德曼的表述,来了解持不同意见者到底在反对什么。从这些表述中,我们隐约能嗅到一丝麦卡锡主义的味道。

商人们相信,当他们公开宣称企业不"仅仅"要关心利润,也要倡导理想的"社会"目标时,他们是在维护自由的企业;商人们也相信,企业拥有"社会良知",要认真对待社会责任,提供就业机会,消除歧视,避免污染,以及履行当代改革派奉为圭臬的一切价值主张。实际上,如果他们或其他任何人严肃对待这些事情,他们就是在或者将会宣扬一种纯粹的、不折不扣的社会主义。持有这种论调的商人糊里糊涂地成为一些知识分子的傀儡,这些知识分子几十年来一直在破坏自由社会的根基。[175]

直到21世纪初,不受限制的自由市场和股东资本主义似乎都是唯一的出路。作为本书作者之一,我(克劳斯·施瓦布)在弗里德曼提出"股东资本主义"的同一年,详细阐述了"利益相关者资本主义"这一正好相反的概念。在我看来,这种情形类似"大卫和歌利亚"的对决。利益相关者理念获得了一些支持,但从历史来看,正确得"太早"和错误也没什么区别!1973年,世界经济论坛年会的参会者签署了一份基于利益相关者理念的道德规范。这份道德规范明确指出,企业管理层"必须服务社会;承担起物质世界受托人的角色,造福子孙后代;以最佳的方式利用自身的物质和非物质资源;持续拓展管理和技术领域的知识边界;保证企业向所在社区正当纳税,帮助社区实现其目标;还必须与社区分享其知识和经验"[176]。自1973年起,利益相关者理念就开始了艰难的推广之旅。其间,许多企业和金融机构庆祝"贪婪"这项"美德"

("贪婪为善")[177]，而且对下列事实感到理所当然：在1978年后的40年间，美国350家领先企业的首席执行官的薪酬增长了940%，而同期普通员工的工资仅增长了12%（这种巨大的反差源于一种错误的假设，即高管薪酬越高，企业就越能实现"最好的"绩效）。[178]近50年来，认为企业不仅是一个经济单位的常识性理念显得与主流发展格格不入。此外，如果认同一个企业应被视作必不可少的"有机体"，能够极大改善民众生活和社会福祉，那么这将是一个可恶的想法，甚至会被视作政治犯罪。

之后，社会思潮开始转变。到了21世纪，随着环境退化日益引发人们的关注，经济不平等的问题日趋恶化，越来越多的商业领袖认识到狭隘的股东价值观念具有误导性。社会观点发生了变化，企业高管越来越相信他们必须参与解决人类面临的环境和社会问题。一种逻辑开始深入人心，在一个痛苦不堪的社区或破败不堪的环境中，企业不可能实现长久的繁荣发展。但是，认为企业应当在创造繁荣、服务社会的同时保护地球的这一理念需要更多年才得以普及。2019年，股东价值"正式"向利益相关者价值转变。2019年8月，美国大型商业组织——美国商业圆桌会议正式支持利益相关者理念。对此，该组织的主席杰米·戴蒙（Jamie Dimon，他同时也是摩根大通的董事长和首席执行官）给出的理由是："美国梦富有活力，但也伤痕累累。大型雇主正在投资员工和社区，因为他们深知这是维持长期成功的唯一途径。这些现代化的原则体现了美国商界始终如一的承诺，即持续推动经济发展，造福全体美国公民。"[179] 美国商业圆桌会议的这一决策意味着和过往传统的彻底决裂，因为该组织此前"将弗里德曼的哲学思想写入了正式的组织宗旨"[180]。

经过近50年的发展，"利益相关者资本主义"才逐渐获得认可，即承认发展经济的目标是服务社会，如果不能为员工和社区服务，任何企业都不能获得长久的成功。世界经济论坛以美国商业圆桌会议发布的这一宣言为契机，更新并拓展了原先的《达沃斯宣言》，将当前最新出现的一些问题纳入其中，发布了《2020达沃斯宣言》。[181] 最新版的宣言再次强调了利益相关者责任的根本性作用，指出"企业的普遍性宗旨应当是与所有利益相关者展开交流合作，共同推动价值的持续创造"，同时还重点介绍了其他几项重要的企业原则：（1）接受和支持公平竞争的市场环境，对腐败实行零容忍；（2）将企业的供应商视作创造价值的真正伙伴，并将尊重人权纳入整个供应链；（3）扮演环境和物质世界守护人的角色，为子孙后代谋福利，并有意识地保护生态圈，积极倡导循环、共享和再生经济。为了支持如火如荼的第四次工业革命以及无处不在的技术变革，宣言还增加了几项新的原则：确保数据的安全、道德和高效使用；通过持续开展技能升级培训和再培训，持续提高员工就业技能；维持企业经营数字生态的可靠性和可信度，让客户充分意识到产品和服务的功能，包括了解外部效应带来的消极影响。

对于今天的商业领袖来说，提高利益相关者价值不再只是一个选项。鉴于本书其他部分叙述的各种原因，领袖们深知未来没有替代性方案。因此在未来数年，ESG 绩效将成为评估企业遵守利益相关者价值情况的黄金标准。许多企业对于改善世界状况并无兴趣，而有些企业则是为了"漂绿"或"唤醒式洗礼"，但他们都承诺做好 ESG 工作，而所有的承诺最终将在政府行动中或面对社会压力时经受考验。

股东资本主义总是将政府视为"万恶之源"[182]，而利益相关者理念恰恰相反，它非常欢迎政府采取立法行动，精准界定 ESG 报告和绩效的基准。为了倡导负责任的行为，政府推出正确的激励措施，发布科学的行为准则，这没有任何过错，如果自由选举产生的政府代表民意做出上述选择，则更是无可指摘。如此，政府就获得了决定社会规则的权威。同样，企业有义务报告其财务绩效（季度或年度，取决于所在国家以及是否上市等因素），而且在并不遥远的将来，它们同样有义务报告 ESG 各项指标的表现。为了确定最佳的实现路径，相关方面已经开展了多项行动倡议，其中一个主要代表是世界经济论坛提出的"利益相关者资本主义指标"[183]。这些指标将逐渐汇总成为标准的 ESG 绩效指标，用于各行各业和各个国家，并能获得全球标准制定机构的支持。这些行动倡议多由企业领导，但一个全球通用的可持续发展报告体系应该是企业、政府、监管部门、官方会计界和自愿式标准制定机构通力合作的结果。最终，在企业的建议下，政府最后做出决定，明确关于 ESG 标准和绩效的法律义务、目标以及激励措施。此外，政府还要确保利益相关者价值与"社会和地球价值"这一严谨的概念吻合。[184]

与此同时，面对社会压力和日益抬头的激进主义，企业将会加快拥抱利益相关者理念，那些不情不愿的企业也将"被迫"参与其中。有充分的证据显示，消费者在选择产品和服务时，越来越青睐在 ESG 合规方面表现更好的企业。相应地，首席执行官们现在认为"采取可持续实践是参与市场竞争的入门要求"[185]。随着千禧一代和 Z 世代逐渐成为劳动力主力，这一趋势将不断强化。年青一代将持续认识到他们肩负着塑造未来的重大责任，因为环境退化、气候变化和日益加剧的不平等将对他们的一生产生巨大影响（尤其是不平等问题已经严重阻碍了他们获得体面的住房）。有鉴于此，企业只有遵守 ESG 的相关标准，才能实现可持续的价值创造。否则它们将付出巨大的代价，点燃社会活动家和投资者的怒火。[186]

尽管如此，这并不是说企业应当参与每一项社会或环境议题，而是说当企业有"责任"或者其行动会产生积极、有意义的变革时，它就应当参与这些议题。正如前文持续讨论的那样，既然全球挑战需要国际社会协作应对，那么企业为什么不能发挥作用呢？这听起来似乎显而易见，但这可能需要企业超越单纯的利益相关者价值。在利益相关者概念的背后，需要具备一个基本认知：在相互依存的当今世界，全球挑战不可能依靠任何单一的组织来解决。政府、企业和社会组织必须展开协作，这也是公私合作的要义。这意味着我们必须从微观层面（企业层面）和宏观层面（全球层面）同时履行利益相关者责任。在过去几十年的工作中，世界经济论坛始终恪守"全球企业公民"的理念。正如2008年发表的一篇文章指出，全球企业公民"表达了一种信念，即企业不仅要和它们的利益相关者交流合作，而且它们自身也是政府和社会组织的利益相关者。国际商业领袖必须致力于可持续发展，参与解决重要的全球挑战，包括气候变化、提供公共卫生服务、能源保护和资源管理等"[187]。

企业在社会中的根本性作用仍然是做生意，但全球企业公民是对利益相关者概念的拓展：在全球社会中，企业应当和政府、社会组织一样，扮演利益相关者的角色。利益相关者理念可以被视作一种长期投资。既然企业依赖其所处的自然和社会生态系统，那么当系统面临许多困难时，最符合企业利益的做法就是关注系统的需求。

实际上,这并不是愿不愿意的问题,而是绝对具有必要性。"今天的企业面临一种关乎生死存亡的选择。它们或者全心全意拥抱'利益相关者'理念,勇担利益相关者责任,积极实现社会和环境目标;或者固守过时的'股东资本主义'理念,把追求短期利润置于首位,期待员工、客户和投票人从外部施压以做出改变。"[188]

3.7_ 技术的飞跃

要想有效解决我们面临的一些最为重大的挑战(尤其是环境退化和气候变化,以及部分社会风险),我们最大的希望在于当前科学技术的突飞猛进和日新月异。

希望,或者说乐观的理由,源于下列观察:我们正处于紧要的历史关头,各种新的发现和技术不是延续线性增长速度,而是呈指数级增长,这大大加快了创新的步伐。阿奇姆·阿扎尔(Azeem Azhar)在《指数级增长时代:加速发展的技术如何改变商业、政治和社会》(*The Exponential Age: How Accelerating Technology is Transforming Business, Politics and Society*)一书中无可争辩地提出了这一观点,[189]这表明摩尔定律(在成本不变的情况下,计算机芯片的性能每两年提高一倍）现在也适用于其他各类技术。数字化力量、人工智能以及合成生物学取得的巨大进步说明，太阳能电池、3D 打印或 4D 打印、电动汽车、都市农业、基因编辑、增强现实或在线商务等领域都在以指数级增长速度发展（遵循固定倍增时间规律，即随着时间的流逝，增长或进步加速）。科技型企业家、投资人和奇点大学联合创始人彼得·戴曼迪斯（Peter Diamandis）认为，"未来 10 年，我们将重塑每一个行业"和"我们将经历比过去一百年还大的进步"。[190] 如此加速的变革将创造巨大的效益，也会带来同样巨大的挑战（如第 2 章第 6 节所述），但乐观的态度还是占据了上风——接受本书访谈的所有科学家都表达了这种情绪。其中最为乐观的是加来道雄，他表示："到 21 世纪中叶，人类应该就会开始运行聚变反应堆，量子计算机就会上市。脑网络（人脑和计算机融合）还需几十年才能投入使用，但投资已经开始涌入。"[191]

我们总是容易低估技术进步的速度，这一事实会深刻影响我们缓解全球风险和制定相关政策的方式。以低碳排放技术为例，多年来我们获得的信息是，从成本角度来看，代替化石燃料不具可行性。出现这一经济反常现象是因为和化石燃料相比，绿色能源在可预见的未来仍然过于昂贵。实践证明，这是一个错误的观点。过去 20 年中，随着技术加速进步，绿色能源的发展速度远超此前想象，结果产生了广泛的低碳技术，这些技术在没有补贴或碳价机制的前提下,与基于化石燃料的各项技术展开竞争。在电力部门,低碳技术已经具备了与基于化石燃料的技术进行竞争的能力。2020年,在GDP占据全球70%以上的国家,太阳能和风能成为最便宜的新能源。[192]可再生能源技术的成本将持续下降,进而通过效率创新和规模经济降低前期资本成本。目前的市场实践证明,可再生电力的资本成本降速远超传统技术,由此带来的一个变化是,许多电动汽车技术基本具备了和化石燃料技术对手的成本竞争力。简而言之,几乎在每个关键节点,绿色技术的发展步伐以及相应的成本降幅都要远超专家和决策者的预期。举个效果显著的例子,太阳能光伏成本的降低速度一直被低估了。[193]从整体来看,随着技术的快速进步,新型清洁技术的成本正在急剧下降,并大概率会保持这一趋势。和认为绿色很贵的陈词滥调截然相反的是,最新的学术研究表明,如果果断实行绿色转型(可再生能源的当前增速在未来10年能够持续),那么就可以实现几乎所有的减排目标,助力实现《巴黎协定》的宏伟目标。此外,果断的转型还能产生下列效果:(1)成本要远低于当前基于化石燃料的能源体系;(2)提供稳定安全的能源;(3)不会有损任何能源可靠性;(4)不会影响任何经济增长。[194]当然,前进的道路异常曲折。2021年秋,能源价格的飙升和转型期间产生的成本调整就是例证。从全球来看,化石燃料在能源结构中的占比仍然高达80%，这意味着从"棕色"向"绿色"的转型不会一蹴而就。转型期间，随着碳捕集和封存技术，碳捕集、利用和封存技术，直接空气捕集和其他新兴技术的发展，化石燃料技术也会变得更加清洁。但归根结底，有一点是毫无疑问的，"可再生能源领域可以预期的趋势能帮助我们获得廉价安全的能源，发展更加健康的经济，打造更加安全绿色的世界"[195]。

能源转型委员会（能源行业商业领袖组成的全球性联盟）的各位成员表示，他们将致力于到2050年实现温室气体的净零排放。分析显示这一目标具备技术和经济可行性。技术可行性在于，对于每一种温室气体的排放来源，我们都已经确认了一种或多种技术解决方案（已可用或在开发中）；经济可行性在于，要实现净零排放，在2050年之前投入的成本不到全球GDP的0.5%。与此同时，为了打造"成熟的"新型气候友好型经济，未来30年必需的投资仅占全球GDP的1%~1.5%。[196]

毫无疑问，实现这一切并非轻而易举，而是需要决策者、行业领袖、投资者和社会组织即刻开展果断、持续的协同行动。技术创新让这成为可能。在技术的推动下，新的企业、创业项目、大型制造业和工业发明快速涌现，正从根本上改变游戏规则。关键在于如果一直低估可再生技术的进步，我们就会持续高估向零碳转型的经济成本。英国的案例就证明了这一点（很可能也适用于其他发达经济体）。英国气候变化委员会负责评估向零碳转型的成本。随着清洁技术的成本不断下降，该委员会不断下调能源转型成本。2020年，该委员会开展的分析表明，为了不断降低温室气体排放，到2050年实现净零排放，相应的年化资源成本约为GDP的0.5%，低于2019年做出的预测（当时认为实现这一目标所需的年度成本为GDP的1%~2%）。早在2008年，该委员会认为到2050年，要在1990年的基础上将温室气体排放量减少80%，每年投入的成本大约相当于GDP的1%~2%。此前在2006年，《斯特恩报告》预测指出，1990—2050年，要将全球温室气体排放量减少80%，年均成本约为GDP的1%~2%。80%这一数字值得注意，因为剩余的20%预计成本最为高昂。重要的是，与仅仅一年前相比，英国评估的零碳转型成本就减少了一半，这反映了在技术进步的推动下成本效益提高了一倍。鉴于技术进步没有停滞，而是不断稳步推进，这将引发技术发现和生产领域的强大规模效应，因此未来转型的成本效益出现任何惊喜都是情理之中的事情。

既然电气化能够促进脱碳工作，那么尽可能地提高电气化水平是实现零碳转型的前提。2021年12月，国际能源署宣布："在世界范围内，可再生电力正以前所未有的速度加速发展，支持了全球能源经济的兴起。"[197]根据国际能源署的统计，到2026年，"全球可再生能源发电量预计在2020年的基础上增加 60% 以上，超过 4 800 吉瓦，相当于目前全球化石燃料和核能发电量的总和。到 2026 年，可再生能源将贡献近 95% 的全球发电量，其中太阳能光伏将占一半以上。2021—2026 年，新增的可再生能源发电量预计将比 2015—2020 年高出 50%"[198]。这一非凡成就得益于持续不断的科技进步，而随着长时储能技术的实现，科技进步还将进一步加速。液流电池和储氢等富有前景的技术正在开发中。当这些技术投入使用、可以推广、实现成本效益时，大规模廉价绿色能源将不再只是梦想。

诸如此类创新正处于不同的研发阶段——有的还处于非常早期的阶段，有些则已经比较成熟——但是，随着它们不断取得进展，各项技术会不断"融合"、相互强化。除了各领域和次级领域发生的快速而广泛的变革，真正让第四次工业革命不同于以往的是诸多学科和发现之间的统一与融合。随着物理、数字和生物世界的不断融合（第四次工业革命的根本性特征），[199] 在探索各项技术相互依存性的过程中产生具体的创新成果就不再只是科学幻想。比如目前的数字制造技术已经能和生物世界实现互动。为了从自然中寻找灵感并实现绿色制造，一些设计师和建筑师已经在"结合"计算设计、增材制造、材料工程和合成生物学，探索微生物、人体、消费品和人居建筑之间的共生关系。在此过程中，他们制造（和"培育"）

能够不断变化和自适应的物体（这是植物和动物王国的典型特征）。[200]

进步正在发生，但下一项"重大技术突破"是什么还有待观察。它如何产生，又将如何助力解决我们共同面临的一些重大风险呢？

基于上文所述的多个原因，我们还很难回答这个问题。大量技术纷纷涌来，丰富彼此，每项技术都发展神速，以致任何预测都不准确。即便是无处不在的计算机也正在面临根本性的变革。2014年，埃里克·布莱恩约弗森和安德鲁·麦卡菲在《第二次机器革命》(*The Second Machine Age*)中指出，计算机已经变得如此灵巧，因此要预测几年后的应用几乎不可能。[201] 7年后，计算机科学家和投资者认为，量子计算将在未来10~15年实现商用，其处理信息的速度要比当前计算机高出数百万倍，必将彻底改变一切。

但是，在探索下一项"重大技术突破"的过程中，合成生物学（其发展主要受益于人工智能和量子计算的共同进步）是主要的候选者。正如本书所阐述的那样，合成生物学有望对生物学重新进行编程，并能大规模生产细胞，从而造福人类健康和福祉。战胜疾病、以可持续的方式提高粮食产量和生产能源、清洁用水、消除大气中的二氧化碳——随着生物学和工程学齐头并进、协同发展，所有这些都具备了明确的可能性。此类视角促使一些生物学家信心满满地宣布:"合成生物学的发展潜力将能促进文明的兴盛,创造一个资源极大丰富(而不是稀缺)的世界,在不会破坏地球的情况下就能养活不断增长的世界人口。"[202] 与此同时,突破式发明在一些具体的领域不断涌现,证明了能够积极影响气候变化等问题的切实潜力。成簇的规律间隔的短回文重复序列(CRISPR)技术就是其中之一。在 CRISPR 基因编辑领域开展了开创性工作、获得 2020 年诺贝尔化学奖的生物化学家珍妮弗·杜德纳(Jennifer Doudna)在接受我们访谈时指出:

> CRISPR 技术能帮助科学家改变细胞中隐藏的生命密码。我们可以操控每一个基因,控制基因开关,我们现在可以在任何有机体中进行这样的操作。这正是 CRISPR 技术在发挥作用。那么,它如何帮助我们解决气候变化这些问题呢?我们可以想象一下,我们能够使细菌更加有效地捕集碳,并将其封存在土壤中。当然,细菌天然就会这些,但是我们拥有的工具能够有效加快它们的捕集过程,让它们更好、更快地做到这些,同时还能有助于应对气候变化……。毫无疑问,根本性的创新正在到来……。我认为在未来 5~10 年,这将成为人类社会管理大气中过多碳的主要方式之一。[203]

合成生物学领域充斥着资本和想象力。国际遗传工程机器设计大赛就证明了这一点。该项赛事为全球各地的学生提供机会，促使他们思考人类社会面临的日常挑战，不断拓展合成生物学的边界。[204] 每年有 6 000 名大学生和跨学科团队通力合作，共同设计、建造、测试和评估他们利用可互换的生物部件和标准分子生物技术自行设计的系统。他们在年度大会上展示丰富多元的方案，向我们打开了似乎充满无限可能的全新世界。这一领域获得的投资金额充分说明了这些技术的潜力。2021 年上半年，合成生物学领域的企业和初创企业在全球范围内筹集了 90 亿美元（通过首次公开发行和风险投资的形式），超过 2020 年筹集的资金总额，大约是 2015 年总额的 10 倍。[205] 此外，越来越多的成熟企业创立合资企业，或者与合成生物学公司和初创企业在各行各业携手合作。人造肉公司 Impossible Foods 利用合成生物技术生产了植物肉汉堡。运动休闲公司露露乐蒙正在从化工尼龙材料转向生物面料。轮胎制造商正在探索基于生物的替代性方法，来替代用于生产轮胎的传统化学聚合物。化妆品和香水公司日益依赖合成生物企业提供的原料。这样的例子不胜枚举！

这个不同寻常的视角只和一个领域有关：合成生物学。那么，其他领域如何呢？根据战略咨询公司麦肯锡技术委员会的统计，十大科技趋势尤其受到投资者和技术专家的青睐（生物革命只是其中之一），并有可能在未来10年决定科技发展格局。这些技术相互交织、相互融合，为了明确起见，我们在此列出（不按特定顺序）：（1）流程自动化和虚拟化——机器人、物联网和增材制造（3D打印或4D打印）共同发挥作用，简化日常工作流程，提高运营效率；（2）未来互联网——5G和物联网助力实现更快的网络。更加普及的网络改变商业生态，促进制造业的数字化、能源输送的去中心化和患者监护的远程化等；（3）分布式基础设施——云计算和边缘计算能帮助企业提高运营速度和灵活性，降低复杂性和节约成本；（4）下一代计算——量子（神经形态）计算能够解决困扰科学界和社会多年的问题，通过模拟帮助化工和制药等行业缩短开发时间，用量子人工智能加快发展无人驾驶汽车；（5）应用人工智能——人工智能算法能训练机器识别模式，帮助计算机理解真实世界的数据，实现人机无缝互动；（6）未来编程——软件2.0的兴起将为各类组织提供更加便捷的方式，实现代码的定制化和编程任务的自动化；（7）信任架构——一套技术（比如分布式账本）和方法，有助于提供高效架构，验证设备的可信度，提高双方交易的成本效益；（8）生物革命——推动生物学、计算、自动化和人工智能等多项科学和技术的融合；（9）新一代材料——石墨烯、各类纳米材料和各种轻量化材料能够催生新性能，并在能源、健康、制造业、制药、半导体和运输等行业改善产品性能；（10）未来清洁科技——电网中的新型智慧能源配送系统、能源储存系统、碳中和能源生产和核聚变能源将在电力、交通、基础设施和水利等行业产生广泛的应用。[206]

众多科学进步、发现和创新以令人难以置信的方式不断融合，在商业领域催生了大量切实可行的应用，这预示着未来更多的进步，也为我们带来了希望。技术似乎确实能够（从根本上？）降低环境退化和气候变化的风险，也蕴藏着改善人类健康甚至社会福祉的潜力。世界经济论坛最新发布的一份报告阐述了未来人工智能带来的经济前景："随着技术的快速、持续进步，畅想未来前景的时刻已然到来。"[207]

我们必须想清楚，我们想要什么样的未来。我们确信技术可以发挥很大的作用，帮助我们解决困扰人类的很多问题。我们现在需要克服重重挑战，实施这些技术解决方案。拉古拉姆·拉扬明确指出："虽然技术会带来问题，也需要加以管理，但它为制定解决方案提供了可能性。我们需要做的是如何实施这些解决方案。"[208]

The Great Narrative
For a Better Future

4 结论

为了塑造更强韧、更公平和更可持续的美好世界，我们的方案和决策在很大程度上取决于我们实施积极变革的意愿。反过来，这种倾向取决于我们勾画愿景并注入希望的共同能力。希望至关重要，失去希望就意味着接受命运，放弃变革。正如阿联酋内阁事务部格伽维部长在世界经济论坛迪拜会议上所表达的那样，"人如果没有希望，生命就毫无意义"。哲学家马丁·奥尼尔从集体维度做了补充："我们彼此不应放弃希望，应当达成行动共识，即我们能够解决当前问题，否则我们就会抛弃彼此，辜负我们对人类同胞的承诺。"

在这种情况下，积极变革意味着什么？既然时代精神来源于我们每一个人，那么我们自己的乐观、悲观或务实立场将如何影响对未来的共同希望（或希望避免的情况）？我们向所有受访者提出这个问题，了解他们对哪些方面持乐观态度，以及如何将乐观精神转化为积极叙事。

　　人们对乐观主义和悲观主义的含义有着不同的理解。从字面上看，乐观是期望好的结果，而悲观则相反。同时，乐观／悲观也是一种态度：前者往往被视为美德，具有积极的内涵，后者的影响则相反。哲学家阿米·托马森将其归纳如下："在我看来，认为事情会变好的人就是乐观的；认为事情会变糟的人就是悲观的。如果某人倾向于做出（前一种）判断，甚至可能不考虑事实，我们就认为他是个乐观主义者。如果将这种认识应用于一个人而不仅是一套信念，可以说乐观主义者倾向于高估积极的潜力，而悲观主义者则倾向于低估此等潜力。"但我们是否负有乐观看待未来的道德义务呢？奥尼尔认为确实如此，正如他在一次对话中所说：

　　　　乐观主义或许是一项义务或责任，而悲观主义似乎是一种奢侈品……但我认为，乐观的想法更多是对世界的实际态度，而非事情将如何发展的一套观念。这一观点通常被认为源自安东尼奥·葛兰西（Antonio Gramsci）对于"智识上悲观，意志上乐观"的呼吁，它似乎精确指出了个中区别。葛兰西的观点极富力量：我们的实际态度必须积极而怀抱希望，即便对事实评估的结果是负面的。我们对世界的积极、实际态度不应受制于对成功概率的预测……在任何情况下，无论人们说的是"意志上乐观"还是社会的希望，我认为都不是一种认识论态度，而是道德和政治承诺。它的基础不是我们对可能性的评估，而是我们在合理条件下彼此相处并为子孙后代肩负责任的态度。

佳娅特利·查克拉沃蒂·斯皮瓦克（Gayatri Chakravorty Spivak）直言："我很乐观，因为人需要乐观才能把事情做好。"

接受本书采访的许多全球思想家都认同葛兰西这句话的第一个论断"智识上悲观"，对世界的现状和我们面临的巨大挑战深感担忧。海伦·斯图尔德（Helen Steward）总结了这种情绪，她说："我不是很乐观。我担心我们在一些事情上做得太晚，没有及早行动，一些负面后果已经凸显出来，我们对此无能为力。我对未来丝毫没有信心——未来将非常困难。"她的几位同行表示现在的看法比几年前更悲观，比如安妮塔·艾伦-卡斯泰利托（Anita Allen-Castellitto）："我一生都很乐观……但过去三年，世界各地的反民主政治事件与种族主义事件相继爆发……我没法再乐观，成了'恐惧的大多数'的一员——我们感到拥有的东西很脆弱，可能终将失去。"阿里·瓦尔德曼（Ari Waldman）对她的观点表示赞同："知道了我们堕落到何种程度，就很难再保持乐观。"

数据和从数据中得出的分析是否验证了他们的悲观情

绪？约 10 年前，《人性的善良天使》(*The Better Angels of Our Nature*)[209]、《当下的启蒙》(*Enlightenment Now*)[210] 和《真相》(*Factfulness*)[211] 等书的出版，引发了关于我们所处环境、人类堕落到何种程度以及取得多少进展的公开讨论。在这些书中，作者史蒂芬·平克和汉斯·罗斯林都提出了强有力的主张，即历史的主线是向好的，今天的世界比以往任何时候都更富裕、更健康、更安全。这一点毋庸置疑：以多数指标衡量，如果我们必须在整个历史上选择活着的最佳时期，那确实仍然必须是今天。我们比以往任何时候都更长寿、更安全（死于暴力的可能性在历史上最低）、更富有（过去一个世纪全球 GDP 激增，而极端贫困急剧下降）。其他指标也证实了这一点，如人们所说，"我们的状况从未像现在这样好"。仅举几个例子：儿童死亡率急剧下降，入学的儿童比以往任何时候都多；战争和恐怖主义造成的死亡处于历史最低水平；有足够食物的人比以往任何时候都多（尽管广泛的粮食不安全问题持续存在，但现在的问题恰好反了过来：太多人摄入了过多食物）；死于分娩的母亲比以往任何时候都少。由于这些不可动摇的事实，美国总统巴拉克·奥巴马在 2016 年写道："我们生活在最好的时代。"[212] 米歇尔·塞尔（Michel Serres）等哲学家和史蒂芬·平克等心理学家揶揄我们认为"今不如昔"的先天倾向，经常暗示所谓"情况越来越糟"的断言是无稽之谈。[213]

然而，很多事情的发展方向似乎确实不如预期。本书的第一部分强调了这一事实，其中环境退化和气候变化"位列榜首"。此外，我们可以在承认大多数事情已经显著改善的同时，仍然担心其他事情的发展态势。贫富差距就是这样一个例子。尽管目前全球贫富差距没有中世纪、文艺复兴时期或早期工业时代那么严重，但对于每天都在承受贫富差距影响的人来说，这种比较并不能带来些许安慰。此外，当今世界与过去的世界已不可同日而语，我们与世界的关系也与以往截然不同。重要的是，我们更加了解其他人的状况，而且随着我们整体愈加富裕，我们的期望也水涨船高。贫富差距（以基尼系数或收入最高的1%在总收入中的比重衡量）或许已经从过去几个世纪的极端水平下降，但现在所有人都可以看到差距，而且近乎实时（速度很关键）。信息透明、全球化和互联互通使贫富差距问题明显可见，人们的容忍度远低于过去，这意味着与历史比较只能到此为止。当然，数据确实重要，但我们对数据的主观体验也很关键。美国就证明了这一点。尽管美国是地球上最富有且经济上格外成功的国家之一，但其公民自述的幸福感已经下降了一段时间。[214]那么，我们应该对今天的世界状况和共同的未来感到乐观还是悲观呢？答案应该是有限度的，需要有所区分：有些事情进展顺利，有些事情正遭遇阻力，还有一些情况确实很糟糕（如气候）。归根结底，我们可以在对某些事情持乐观态度的同时，对其他事情持悲观态度。另外，我们也可以认同情况目前已显著改善，但在未来未必会如此。我们甚至可以认同情况大有改善，但对世界的状况及其发展方向更加谨慎。在与史蒂芬·平克关于乐观主义和悲观主义的对话中，历史学家尤瓦尔·诺亚·赫拉利（Yuval Noah Harari）指出，我们必须对目前和未来的情况采取"现实"（有人称之为"务实"）的看法。赫拉利大致同意平克的观点，但认为这位著名的认知心理学家描绘的画面还不够完整："人类的状况好于以往任何时候……但总体情况仍然很差，而且可能会变得更加糟糕。"[215] 鉴于本书开篇详述的具体挑战，我们很难反驳这种观点。即便如此，希望之泉永不停息，希望能够催生行动和解决方案。

我们的受访者向何处寻找自己的希望之源？他们认为改善情况的集体能力体现在哪里？是什么让他们感到乐观？对于这些问题的回答可以归纳为三个主要方面。

首先是人类与生俱来的聪明才智和灵活应变能力。在我们采访的50位全球思想家和意见领袖中，大多数人都提到，尽管挑战极其艰巨，但解决方案是存在的，而且人类有足够的智慧找到解决方案。我们制造了问题，但我们也能找到解决方案。正如萨古鲁所说："我对人类很乐观。虽然他们是这个星球上唯一的问题，但我们可以扭转形势，因为我们拥有不少才智。"

大卫·克拉考尔强调，我们拥有积极应对的无限能力："人类善于灵活应变，才智永不枯竭，对此我十分乐观。"海拉·谢赫鲁胡（Hela Cheikhrouhou）也是如此："我对人类的适应力和创造力持乐观态度。在历史的每一个阶段，人们都认为某种问题迎面而来，例如机械化将摧毁创造就业的能力等，但我们发挥创新力、适应力、创造力……展示了我们人类作为一个物种的韧性。人类行为导致了环境问题，但我相信终究会找到解决之道。""意志上乐观"的拥护者并没有陷入不合理的过分乐观主义中。相反，他们认为通过创造性思维和共同意志，人类会找出解决办法，并留出时间来避免灾难。正如林毅夫所言，"人们总有改进的意愿"。

其次是创新的速度和技术的作用，本书有大量篇幅涉及这一点。帕特里夏·丘奇兰德将其与上一点联系起来："人类比黑猩猩更有才智。在人类历史上大部分时间里，智人拥有的不过是一些石头工具。我很乐观。如果不全盘否定技术，我认为技术（特别是信息技术）对许多人来说是巨大的福音。"莫塞斯·奈姆赞同这一判断，但有所保留："我对技术和科学感到乐观。科学家面对新冠肺炎疫情时的表现令人钦佩，他们拯救了生命（相比之下，政客面对疫情时只是变成了政客——有人否认，有人推迟，也有人试图隐瞒），所以人们对科学家抱有一种热情。当然，科学家也需要政府、公共部门的支持、问责和监督。但我非常看好今天人类为克服难题寻找技术解决方案的能力。"艾米·扎尔曼总结说:"现在的科学进步让人脑洞大开。"

第三点也同样重要,即年青一代的作用和他们的行动倾向。如海伦·斯图尔德所说,"如果有希望,它将来自年轻人;这是我的乐观精神的基础。纵观历史,思想、文化和观念都会经历代际转变,比如 20 世纪 60 年代的情况。在那 10 年中成长起来的一代,具有与前几代人截然不同的思维方式,给我们的行动和思维方式带来巨大变化。"戴安娜·科伊尔也提出了类似的看法:

> 我对年轻人持乐观态度——这一代人的观念发生了真正的改变。他们变得更加积极,认为每个人都不能忽视巨大的社会挑战。他们对社会的承诺已经真正改变,无论是气候行动主义还是其他。人们或许无法全盘接受年轻人的所有观点,但我认为他们的能量和承诺是保持乐观的最大源动力。他们的愤怒可以理解,因为相比婴儿潮一代,他们遭受了不公平待遇。现在二十多岁的青年从大学一毕业就背负着学生贷款;他们无法获得自有住房;他们职业生涯的开端更加不稳定;他们面对令人担忧的政治局势、令人不悦的政治腔调以及气候和生物多样性问题。但我认为

这给他们带来了活力，这反而很好。

卡洛塔·佩雷斯也这么认为："我对年轻人的看法很乐观。他们理解智能、绿色、公平和全球增长，将数字化、绿色生活方式看作通往更公平世界的途径。"正如伊洛娜·萨博·德·卡瓦略（Ilona Szabó de Carvalho）提到的，对年青一代感到乐观的前提是希望和信心，即我们"已经感觉到（他们）更积极的公民意识的觉醒"，以及他们认识到"改变未来的最佳方式是采取行动"。

如导读所述，本书的最终目的是为行动号召奠定基础。诸多叙事中体现了创造性思维（主要来源于受访者）和共同的决心，旨在激励我们并指明前进的方向。但如果从我们自己开始呢？首先改变我们自己会如何？列夫·托尔斯泰有句名言："每个人都想要改变世界，却没有人想要改变自己。"[216] 愤世嫉俗者可能会说，个人行动微不足道，让人心烦意乱，特别是面对气候变化和环境退化这样巨大的问题时。但在道德上或哲学上，这都是说不通的。正因为我们共同面临的问题如此艰巨，所以我们每一个人，无论是作为个人还是作为共同体的一员，都有责任竭尽所能，寻找解决方案。我们正处于紧急状态，这就是唯一适当的应对方式。历史学家、思想家和活动家爱德华·埃弗里特·黑尔（Edward Everett Hale）在1871年准确地指出:"我只是一个人,但我仍然是一个人。我不能做所有的事,但我仍然可以做一些事。因为我不能做所有的事,所以我不会拒绝做我能做的事。"[217] 要解决看似令人畏惧的问题,可以从实用角度开始——我们每个人都应采取行动,关注我们分内的事情,比如体恤别人的感受,向有需要的人伸出援手,在与人交往、饮食、购物、旅行、投票等方面做出正确决定等。我们需要重新认识自身的责任,并愿意承担这些责任。为此,我们必须准备好在微观层面改变自己,并在宏观层面足够无私,以接纳(最广义的)新政策。

换言之,我们应当建立一种信念:基于对美好未来的无限向往而心怀希望,我们就能够改善状况,如果随之采取关键行动,就有可能取得成功。南非前总统纳尔逊·曼德拉总结了这种观念的潜力:"事情完成前,一切总是看似不可能。"[218]

The Great Narrative
For a Better Future

5 附录

参与本书的全球思想家名单

- 安妮塔·艾伦-卡斯泰利托（Anita Allen-Castellitto），宾夕法尼亚大学前副教务长、法学教授、哲学教授，美国
- 陈冯富珍（Margaret Chan），清华大学万科公共卫生与健康学院首任院长，世界卫生组织荣誉总干事，中国香港
- 海拉·谢赫鲁胡（Hela Cheikhrouhou），国际金融公司中东和北非地区副总裁，美国
- 帕特里夏·丘奇兰德（Patricia Churchland），加利福尼亚大学圣迭戈分校哲学系教授，美国
- 戴安娜·科伊尔（Diane Coyle），剑桥大学公共政策教授，英国
- 珍妮弗·杜德纳（Jennifer Doudna），加利福尼亚大学伯克利

分校化学教授、分子和细胞生物学教授，美国
- 尼尔·弗格森（Niall Ferguson），斯坦福大学胡佛研究所高级研究员，美国
- 拉娜·福洛荷（Rana Foroohar），《金融时报》全球商业专栏作家、副主编，美国
- 穆罕默德·格伽维（Mohammad Al Gergawi），阿联酋内阁事务部部长
- 玛丽娜·戈尔比斯（Marina Gorbis），未来学院执行董事，美国
- 列奥尼德·格里宁（Leonid Grinin），俄罗斯高等经济大学高级研究教授，俄罗斯
- 安东·格里宁（Anton Grinin），莫斯科国立大学研究员，俄罗斯
- 大卫·格林斯彭（David Grinspoon），天体生物学家，美国
- 约翰·哈格尔（John Hagel），作家，美国
- 格雷厄姆·哈曼（Graham Harman），南加州建筑学院哲学教授，美国
- 丽贝卡·亨德森（Rebecca Henderson），哈佛大学约翰和纳蒂·麦克阿瑟教授，美国
- 加来道雄（Michio Kaku），纽约市立大学教授，美国
- 大卫·克拉考尔（David Krakauer），圣菲研究所主席，美国

- 林毅夫（Justin Lin Yifu），北京大学国家发展研究院名誉院长，中国
- 吕植（Lyu Zhi），北京大学自然保护与社会发展研究中心执行主任，中国
- 玛丽安娜·马祖卡托（Mariana Mazzucato），伦敦大学学院教授，英国
- 布兰科·米拉诺维奇（Branko Milanovic），纽约市立大学研究生中心客座教授，美国
- 丹碧莎·莫友（Dambisa Moyo），Versaca Investments 公司全球经济学家、联合负责人，美国
- 村井纯（Jun Murai），庆应义塾大学特聘教授，日本
- 莫塞斯·奈姆（Moisés Naím），卡内基国际和平基金会特聘研究员，美国
- 程子俊（Chandran Nair），全球未来研究所创始人兼首席执行官，中国香港
- 马丁·奥尼尔（Martin O'Neill），约克大学政治哲学教授，英国
- 梅根·帕尔默（Megan Palmer），斯坦福大学生物工程系生物政策和领导力计划执行主任，美国
- 裴敏欣（Minxin Pei），克莱蒙特·麦肯纳学院政府学教授，美国

- 卡洛塔·佩雷斯（Carlota Perez），伦敦大学学院创新和公共目的研究所名誉教授，英国
- 拉古拉姆·拉扬（Raghuram Rajan），芝加哥大学布斯商学院金融学杰出讲座教授，美国
- 约翰·罗克斯特伦（Johan Rockström），波茨坦气候影响研究所所长，德国
- 萨古鲁（Sadhguru），艾莎基金会创始人，印度
- 兰德瑞·西涅（Landry Signé），雷鸟全球管理学院执行董事兼教授；布鲁金斯学会全球经济和发展项目和非洲增长行动倡议高级研究员，美国
- 大卫·辛克莱（David Sinclair），国际长寿中心主任，英国
- 彼得·辛格（Peter Singer），普林斯顿大学生物伦理学教授，美国
- 佳娅特利·查克拉沃蒂·斯皮瓦克（Gayatri Chakravorty Spivak），哥伦比亚大学教授，美国
- 约翰·斯蒂尔（John Steele），《鹦鹉螺》杂志出版人和编辑主任，美国
- 海伦·斯图尔德（Helen Steward），利兹大学思想和行动哲学教授，英国
- 伊洛娜·萨博·德·卡瓦略（Ilona Szabó de Carvalho），伊加拉佩研究所联合创始人、所长，巴西

- 阿米·托马森（Amie Thomasson），达特茅斯学院理智哲学与道德哲学教授，美国
- 阿里·瓦尔德曼（Ari Waldman），美国东北大学法学和计算机科学教授，美国
- 王毅（Wang Yi），中国科学院科技战略咨询研究院副院长，国家气候变化专家委员会副主任，中国
- 艾米·韦伯（Amy Webb），未来今日研究所首席执行官，纽约大学斯特恩商学院战略展望教授，美国
- 薛澜（Xue Lan），清华大学苏世民书院院长，中国
- 山口周（Shu Yamaguchi），作家、公共演说家，日本
- 山中伸弥（Shinya Yamanaka），京都大学诱导多能干细胞（iPS细胞）研究所所长、教授，日本
- 艾米·扎尔曼（Amy Zalman），乔治敦大学兼职教授，美国

致谢

本书作者诚挚感谢玛丽·安·马勒雷（Mary Anne Malleret）对书稿的重要贡献和希尔德·施瓦布（Hilde Schwab）为"社会良知"发声，感谢"每月晴雨表"的瑞秋·霍钦（Rachel Houchin）为本书访谈提供的大力支持，也感谢法比耶纳·史塔生（Fabienne Stassen）对本书非常细致严谨的编辑。

本书作者也要感谢世界经济论坛的多位同事，感谢他们阅读、审校、排版、设计、出版和推广本书，并感谢他们在此过程中提出的宝贵意见。这些同事来自旧金山、纽约、日内瓦、北京和东京的分论坛办公室，其专业领域涵盖经济学、环境、地缘政治、社会、技术、行业问题和公共政策。特别感谢凯利·奥门森（Kelly Ommundsen）和杰西·艾森伯格（Jaci Eisenberg）。

本书作者要向50位全球思想家和意见领袖致以最诚挚的

谢意，感谢他们抽出宝贵的时间，参与有关本书同名项目的深度对话。同时也要感谢阿联酋政府，特别感谢格伽维部长于 2021 年 11 月在迪拜举行的为期两天的头脑风暴会议，让我们得以与 50 位全球思想家及其同侪展开对话。

注释

1. 对陈冯富珍的访谈。
2. 引自哈佛大学教授 Allan Brandt 在下列文章中被引述的观点：Gina Kolata, "Past Pandemics Remind Us Covid Will Be an Era, Not a Crisis That Fades", *The New York Times*, 14 October 2021 update, https://www.nytimes.com/2021/10/12/health/when-will-covid-end.html.
3. 世界经济论坛全球风险网络对此做过清晰阐述：所有的风险（经济、环境、地缘政治、社会和技术风险）都通过一个错综复杂的互动网络相互影响。比如，经济风险会演变成政治风险（通货膨胀加剧会引发社会动荡），而环境风险会发展成为地缘政治风险（极端天气事件导致难以控制的移民问题和边境冲突）。参见 2021 年《全球风险报告》。本书第 2 章第 1 节详细阐述了这一基本观点。
4. "反数字仇恨中心"网站提供了多份报告，https://www.counterhate.com.
5. 韦氏词典，https://www.merriam-webster.com/dictionary/narrative.
6. Interview with John Hagel, and John Hagel, "Narratives Shape Our Emotions", John Hagel Category Archives: Narratives, 23 May 2021, https://www.johnhagel.com/category/narratives.
7. Robert Shiller, "Narrative Economics", NBER Working Paper Series, Working Paper 23075, 2017, https://www.nber.org/system/files/working_

papers/w23075/w23075.pdf.

8. 有关叙事的学术文献可谓汗牛充栋。关于叙事如何塑造我们的思想和记忆，甚至改变我们的生活方式，下列作品提供了令人信服的阐述，参见 Dan McAdams, *The Stories We Live By: Personal Myths and the Making of the Self*, Guilford Press, 1997. 在职业生涯中将大部分精力用于研究叙事的心理学教授 McAdams 认为，叙事不仅关于如何建构我们的身份，它本身就代表了我们的身份。

9. See Maurice Kugler, "The Economics of Ideas: Paul Romer, former Berkeley Economics Professor, receives the 2018 Nobel Prize", University of California, Berkeley, 17 October 2018, https://www.econ.berkeley.edu/content/guest-post-economist-ideas-paul-romer-former-berkeley-economics-professor-receives-2018. 经济学家保罗·罗默的主要贡献是提出了下述观点：创新驱动经济增长，新的思想之间互不竞争的特性提高了规模收益。

10. World Economic Forum, *The Global Risks Report 2021*, 16th Edition, 2021, https://www3.weforum.org/docs/WEF_The_Global_Risks_Report_2021.pdf.

11. 对莫塞斯·奈姆的访谈。

12. Herbert Simon, "The Architecture of Complexity", *Proceedings of the American Philosophical Society*, vol. 106, no. 6, 1962, pp. 467-482, https://www2.econ.iastate.edu/tesfatsi/ArchitectureOfComplexity.HSimon1962.pdf.

13. 原因在于我们通常试图通过总结规律（即使这些规律并不存在，比如阴谋论）来理解世界，但是规律的增加远快于我们手头掌握的内容（信息）。可以用两个简单的数学公式解释这一点：一个系统中成分数量（比如信息的字节）的等差级增长会导致潜在连接（信息字节之间的连接）数量的等比级增长，进而导致潜在规律数量的指数级增长。能在不同成分（N）之间建立的潜在连接数量（L）可从下列公式获得：L= N×(N−1)/2。通过不同连接（L）建立起来的规律数量（P）可从下列公式获得：P = 2 的 L 次方。因此，如果我们只考虑 4 个成分（信息的字节），我们就能在这些成分之间形成 6 个连接（4×(4−1)/2）和 64 个规律（2 的六次方）。问题在于：世界上任何复杂（甚至是简单）系统拥有的成分或变量会不超过 4 个吗？答案是不会。因此，我们从现实考虑，可以假定 4 个以上的变量，比如 10 个。10 个成分就会产生 45 个连接和 3.5 万亿个规律，这种复杂性要远远超过任何一个人的认知能力。参见 Thierry Malleret, *Disequilibrium: A World Out of Kilter,* BookBaby, 1st Edition, 2012, https://www.barnesandnoble.com/w/disequilibrium-thierry-malleret/1113883823.

14. 对大卫·克拉考尔的访谈。有关圣菲研究所的信息参见 https://www.santafe.edu/about/overview。

15. 吉勒·芬切尔斯坦在其 2011 年出版的著作 *La Dictature de l'Urgence* 中率先使用了这一表述。

16. 阿奇姆·阿扎尔在下列著作中提出了这一观点，参见 *The Exponential Age: How Accelerating Technology Is Transforming Business, Politics and Society*, Diversion Books, 2021, https://www.amazon.com/Exponential-Age-Accelerating-Technology-Transforming/dp/1635769094/ref=zg_bs_10020719011_9?_encoding=UTF8&psc=1&refRID=FPS71NCG7R6JQT25MRKZ.

17. Wharton University of Pennsylvania, Risk Management and Decision Processes Center, "The Ostrich Paradox: Why We Underprepare for Disasters", Issue Brief, 2018, https://riskcenter.wharton.upenn.edu/wp-content/uploads/2019/03/Ostrich-Paradox-issue-brief.pdf.

18. William A. Wagenaar and Sabato D. Sagaria, "Misperception of exponential growth", *Perception & Psychophysics*, vol. 18, 1975, pp. 416–422, https://link.springer.com/article/10.3758/BF03204114.

19. Carmen Reinhardt, "This Time Is Truly Different", Project Syndicate, 23 March 2020, https://www.project-syndicate.org/commentary/covid19-crisis-has-no-economic-precedent-by-carmen-reinhart-2020-03.

20. 从短期来看，我们可以在限制日常生活和维持经济活动之间进行取舍；但从长期来看，政府想在公共卫生和暂停经济增长之间进行权衡的想法是荒诞的。真正繁荣的社会必定也是健康的社会。

21. 要了解不平等和增长之间的关系，参见 Joseph Stiglitz, "Inequality and

Economic Growth", 2016, https://www8.gsb.columbia.edu/faculty/jstiglitz/sites/jstiglitz/files/Inequality%20and%20Economic%20Growth_0.pdf.

22. John F. Kennedy Presidential Library and Museum, "Robert F. Kennedy: Remarks at the University of Kansas", 18 March 1968, https://www.jfklibrary.org/learn/about-jfk/the-kennedy-family/robert-f-kennedy/robert-f-kennedy-speeches/remarks-at-the-university-of-kansas-march-18-1968.

23. OECD Better Life Index, "What's the Better Life Index?", https://www.oecdbetterlifeindex.org/about/better-life-initiative.

24. 这一方法关注资产负债表内的资产和负债存量（而不是 GDP 这样的流动性指标）。支持者认为，同一地球资产负债表将人力和自然资本纳入，能够推动世界改善整体资源配置，提供公共产品，提升发展的包容性。参见 Andrew Sheng and Xiao Geng, "Building a One-Earth Balance Sheet", Project Syndicate, 30 November 2021, https://www.project-syndicate.org/commentary/one-earth-balance-sheet-support-inclusive-prosperity-and-climate-action-by-andrew-sheng-and-xiao-geng-2021-11?barrier=accesspaylog.

25. John F. Helliwell, et al., *World Happiness Report 2021*, Sustainable Development Solutions Network, 2021, https://worldhappiness.report/ed/2021.

26. 对山口周的访谈。

27. 服务内容非常多元化，但整体生产率和增长率低于制造业。因此，要转向服务业，就必然会对生产率增长产生长期而温和的影响。但是新技术的发展可能会改变这一切。参见 Stéphane Sorbe, Peter Gal and Valentine Millot, "Can productivity still grow in service-based economies? Literature overview and preliminary evidence from OECD countries", OECD, ECO/WKP(2018)79, 2018, https://www.oecd.org/officialdocuments/publicdisplaydocumentpdf/?cote=ECO/WKP(2018)79&docLanguage=En.

28. 对丹碧莎·莫友的访谈。

29. 可以用非常简单的方式阐述这一问题。通货膨胀能够减缓实际债务负担的前提条件是名义收入的增长速度高于名义利率的增长速度。此外，在外汇占很大比例的新兴市场，通胀导致的货币贬值问题通常会增加偿债负担。参见 M. Ayhan Kose, Franziska Ohnsorge, Carmen Reinhart and

Kenneth Rogoff, "Developing economy debt after the pandemic", VOXeu, 3 November 2021, https://voxeu.org/article/developing-economy-debt-after-pandemic.

30. Sebastian Mallaby, "The Age of Magic Money: Can Endless Spending Prevent Economic Calamity?", *Foreign Affairs*, July/August 2020, https://www.foreignaffairs.com/articles/united-states/2020-05-29/pandemic-financial-crisis.

31. Agustin Carstens, head of the Bank of International Settlements (BIS), dubbed as the central bank to the world's central banks, quoted in Marc Jones, "Uneven global recovery creates 'daunting challenges' for policymakers, BIS says", Reuters, 29 June 2021, https://www.reuters.com/business/uneven-global-recovery-creates-daunting-challenges-policymakers-bis-says-2021-06-29.

32. Sara Brown, "How to prepare for the AI productivity boom", MIT Management, 12 July 2021, https://mitsloan.mit.edu/ideas-made-to-matter/how-to-prepare-ai-productivity-boom.

33. Paul Krugman, *The Age of Diminished Expectations: U.S. Economic Policy in the 1990's*, MIT Press, 1990, https://www.amazon.com/Diminished-Expectations-Economic-Policy-1990s-dp-B000H571KA/dp/B000H571KA/ref=mt_other?_encoding=UTF8&me=&qid=1639585827.

34. Parag Khanna and Balaji Srinivasan, "Great Protocol Politics", *Foreign Policy*, 11 December 2021, https://foreignpolicy.com/2021/12/11/bitcoin-ethereum-cryptocurrency-web3-great-protocol-politics.

35. 集体行动问题（也称为"社会困境"）描述的情景是，如果能够合作，所有人都会生活得更好，但却无法实现。自17世纪起，哲学家们一直积极探索这一问题，只是没有将其称为"集体行动"而已。政治经济学家曼瑟·奥尔森在1965年出版的《集体行动的逻辑》一书中对此进行了论述。他在这本书中指出，在既非竞争性也非排他性的纯粹的公共产品场景（气候变化便是案例之一）中，一个或多个贡献因素将会降低其他因素对公共产品的贡献程度。

36. United Nations Environment Programme, "Addendum to the Emissions Gap Report 2021", https://wedocs.unep.org/bitstream/handle/20.500.11822/37350/

AddEGR21.pdf.
37. United Nations Environment Programme, *Emissions Gap Report 2021*, https://www.unep.org/resources/emissions-gap-report-2021.
38. 签署《巴黎协定》的国家提交了国家自主贡献目标，阐述了为了实现《巴黎协定》中规定的将全球气温升幅控制在 2℃以内这一长远目标的国家目标。因此，国家自主贡献体现了一个国家当前的减排愿景和目标。
39. Climate Action Tracker, "Glasgow's 2030 credibility gap: net zero's lip service to climate action", 9 November 2021, https://climateactiontracker.org/publications/glasgows-2030-credibility-gap-net-zeros-lip-service-to-climate-action.
40. Leslie Hook, "Global warming of up to 2.7C by century's end forecast as COP26 pledges fall short", *Financial Times*, 9 November 2021, https://www.ft.com/content/b9a55763-f28a-46ad-b265-79db73efa658.
41. Tariq Fancy, "Tariq Fancy on the failure of green investing and the need for state action", *The Economist*, 4 November 2021, https://www.economist.com/by-invitation/2021/11/04/tariq-fancy-on-the-failure-of-green-investing-and-the-need-for-state-action.
42. 《自然》杂志对 233 位联合国政府间气候变化专门委员会的学者进行了匿名调研，收到 92 位科学家的反馈（占比 40%）。60% 的受访者表示，他们预计到 21 世纪末，全球气温将在工业革命前水平的基础上上升超过 3℃。多达 88% 的受访者认为全球变暖构成了一种"危机"，同样比例的受访者预计在其有生之年会看到气候变化引发的灾难性后果。参见 Jeff Tollefson, "Top climate scientists are sceptical that nations will rein in global warming", *Nature*, 1 November 2021, https://www.nature.com/articles/d41586-021-02990-w.
43. Intergovernmental Panel on Climate Change, "AR6 Climate Change 2021: The Physical Science Basis", 2021, https://www.ipcc.ch/report/ar6/wg1.
44. United Nations, "Climate and weather-related disasters surge five-fold over 50 years, but early warnings save lives-WMO report", UN News, 1 September 2021, https://news.un.org/en/story/2021/09/1098662.

45. 对约翰·罗克斯特伦的访谈。
46. Energy Transitions Commission, "Keeping 1.5℃ Alive: Closing the Gap in the 2020s", Executive Summary, 2021, https://www.energy-transitions.org/wp-content/uploads/2021/09/ETC-Keeping-1.5C-Alive-Closing-the-Gap-in-the-2020s-Executive-Summary.pdf.
47. Myles Allen, et al., *Special Report: Global Warming of 1.5℃, Summary for Policymakers*, Intergovernmental Panel on Climate Change, 2018, https://www.ipcc.ch/sr15/chapter/spm.
48. 2021年7月，经济学家威廉·诺德豪斯在向二十国集团成员国外长和央行行长发表的主旨演讲中对此进行了清晰阐述。参见"Why Climate Policy Has Failed", *Foreign Affairs*, 12 October 2021, https://www.foreignaffairs.com/articles/world/2021-10-12/why-climate-policy-has-failed.
49. 同上。
50. Tariq Fancy, "Tariq Fancy on the failure of green investing and the need for state action", *The Economist*, 4 November 2021.
51. Energy Transitions Commission, "Keeping 1.5℃ Alive: Actions for the 2020s", 2021, https://www.energy-transitions.org/publications/keeping-1-5-alive.
52. Glasgow Financial Alliance for Net Zero (GFANZ), "Amount of finance committed to achieving 1.5℃ now at scale needed to deliver the transition", 3 November 2021, https://www.gfanzero.com/press/amount-of-finance-committed-to-achieving-1-5c-now-at-scale-needed-to-deliver-the-transition.
53. Damian Carrington, "Climate crisis: economists 'grossly undervalue young lives', warns Stern", *The Guardian*, 25 October 2021, https://www.theguardian.com/environment/2021/oct/26/climate-crisis-economists-grossly-undervalue-young-lives-warns-stern.
54. Vitor Gaspar and Ian Parry, "A Proposal to Scale Up Global Carbon Pricing", International Monetary Fund, 18 June 2021, https://blogs.imf.org/2021/06/18/a-proposal-to-scale-up-global-carbon-pricing.
55. Bank of England, "Key elements of the 2021 Biennial Exploratory Scenario: Financial risks from climate change", 8 June 2021, https://www.

bankofengland.co.uk/stress-testing/2021/key-elements-2021-biennial-exploratory-scenario-financial-risks-climate-change.

56. *The Economist*, "A third of Americans deny human-caused climate change exists", 8 July 2021, https://www.economist.com/graphic-detail/2021/07/08/a-third-of-americans-deny-human-caused-climate-change-exists.

57. David Sharp, "Mainers vote to halt $1B electric transmission line", AP News, 3 November 2021, https://apnews.com/article/election-2021-maine-hydropower-line-54dea1a948e9fc57a667280707cddeb7.

58. Kantar Public, "Our planet issue: Accelerating behaviour change for a sustainable future", Public Journal 04, 2021, https://kantar.turtl.co/story/public-journal-04/page/1.

59. 代际不平等问题已有充分讨论、已经众所周知并已遭到广泛批评［得益于格蕾塔·勋伯格（Greta Thunberg）及其同事的努力］，但财富不平等的问题目前还未受到应有的重视。然而，正如 2020 年联合国《排放差距报告》指出："多项估测揭示了收入和排放之间的强大关联，全球消费领域的排放存在严重的不平等现象。这些研究预测，收入排名前 10% 的人群排放了全球总量的 36%~49%，而收入排名后一半的人群排放了全球总量的 7%~15%。"参见 United Nations Environment Programme, *Emissions Gap Report 2020*, https://www.unep.org/emissions-gap-report-2020.

60. Chandran Nair makes this point in "Net Zero and Carbon Neutrality: Unscientific Myths for an US and THEM World", The Club of Rome, 18 October 2021, https://www.clubofrome.org/blog-post/nair-carbon-neutrality.

61. Simon Evans, "Analysis: Which countries are historically responsible for climate change?", Carbon Brief, 5 October 2021, https://www.carbonbrief.org/analysis-which-countries-are-historically-responsible-for-climate-change.

62. Chandran Nair, "Net Zero and Carbon Neutrality: Unscientific Myths for an US and THEM World", The Club of Rome, 18 October 2021.

63. 哈佛大学教授格雷厄姆·艾利森（Graham Allison）在其著作中推广了这一概念，参见 *Desti-ned for War: Can America and China Escape Thucydides's*

Trap?, Mariner Books, 2017, https://www.amazon.com/s?k=Allison+graham&i=stripbooks-intl-ship&ref=nb_sb_noss_2.

64. John J. Mearsheimer, "The Inevitable Rivalry: America, China, and the Tragedy of Great-Power Politics", *Foreign Affairs*, November/December 2021, https://www.foreignaffairs.com/articles/china/2021-10-19/inevitable-rivalry-cold-war.

65. The expression was coined by Subrahmanyam Jaishankar, an Indian foreign affairs official. See Frederik Kempe, "The US is working through a 'strategic contraction'", Heromag, 21 November 2021, https://heromag.net/the-us-is-working-through-a-strategic-contraction.

66. 美国、印度、日本和澳大利亚之间举行的四方安全对话体现了遏制中国影响力的企图。该对话机制成立于2007年，在停止运作后，于2017年恢复启动，获得了更大的影响力。

67. See Gillian Tett, "The US and China are already at war. But which kind?", *Financial Times*, 24 November 2021, https://www.ft.com/content/583b44f7-5eb5-4967-983d-70d0f5573f5c.

68. United Nations, "Secretary-General's Nelson Mandela Lecture: 'Tackling the Inequality Pandemic: A New Social Contract for a New Era' [as delivered]", 18 July 2020, https://www.un.org/sg/en/content/sg/statement/2020-07-18/secretary-generals-nelson-mandela-lecture-%E2%80%9Ctackling-the-inequality-pandemic-new-social-contract-for-new-era%E2%80%9D-delivered.

69. Anthony Shorrocks, James Davies and Rodrigo Lluberas, *Global wealth report 2021*, Credit Suisse, Research Institute, 2021, https://www.credit-suisse.com/about-us/en/reports-research/global-wealth-report.html.

70. Lucas Chancel, Thomas Piketty, Emmanuel Saez and Gabriel Zucman (eds), *World Inequality Report 2022*, World Inequality Database (WID.world), 2021, https://wid.world/news-article/world-inequality-report-2022.

71. 收入不平等可能是个例外。在新冠肺炎疫情暴发初期，许多国家的收入扶持计划和其他刺激措施提高了低收入劳动者和家庭的收入，因此缓解了收入不平等状况。但是，随着这些措施逐步退出，形势很可能会发生逆转。

72. Marc Kadir, "Student view: Covid's legacy will be an economically more unequal world", *Financial Times*, 3 October 2021, https://www.ft.com/content/f5462084-f123-4bcf-b1a0-587b79a319b6.
73. Brooke Harrington, *Capital Without Borders: Wealth Managers and the One Percent*, Harvard University Press, 2020, https://www.amazon.com/Capital-without-Borders-Managers-Percent/dp/067424477X/ref=sr_1_1?keywords=Capital+Without+Borders%3A+Wealth+Managers+and+the+One+Percent&qid=1638022175&qsid=131-9078639-9083348&s=books&sr=1-1&sres=067424477X&srpt=ABIS_BOOK.
74. Armed Conflict Location & Event Data Project (ACLED), "A Year of COVID-19: The Pandemic's Impact on Global Conflict and Demonstration Trends", 2021, https://acleddata.com/acleddatanew/wp-content/uploads/2021/04/ACLED_A-Year-of-COVID19_April2021.pdf.
75. Manuel Rueda, "Colombia protesters: We're not scared anymore", BBC News, 14 May 2021, https://www.bbc.com/news/world-latin-america-57105000.
76. Zachariah Mampilly, "Protests Are Taking Over the World. What's Driving Them?", *The New York Times*, 3 October 2021, https://www.nytimes.com/2021/10/03/opinion/covid-protests-world-whats-driving-them.html.
77. Minouche Shafik, *What We Owe Each Other: A New Social Contract*, Penguin Random House, 2021, https://www.amazon.co.uk/What-We-Owe-Each-Other/dp/1847926274/ref=sr_1_1?keywords=minouche+shafik&qid=1639625860&s=books&sr=1-1.
78. 一年一度的《艾德曼信任晴雨表》尤其体现了这一点，https://www.edelman.com/trustbarometer。
79. Two prominent examples emanate from the International Panel on Social Progress, *Rethinking Society for the 21st Century*, 2018, https://www.cambridge.org/gb/academic/subjects/politics-international-relations/political-economy/rethinking-society-21st-century-report-international-

panel-social-progress; and Maurizio Bussolo, Maria E. Davalos, Vito Peragine and Ramya Sundarm, *Toward a New Social Contract*, World Bank, 2019, https://openknowledge.worldbank.org/bitstream/handle/10986/30393/9781464813535.pdf.

80. Henry A. Kissinger "The Coronavirus Pandemic Will Forever Alter the World Order", *The Wall Street Journal*, 3 April 2020, https://www.wsj.com/articles/the-coronavirus-pandemic-will-forever-alter-the-world-order-11585953005.

81. Katherine Hu, "'I Just Don't Think We Have the Luxury to Have Dreams Anymore'", *The New York Times*, 24 March 2020, https://www.nytimes.com/2020/03/24/opinion/coronavirus-recession-gen-z.html.

82. Jennifer McNulty, "Youth activism is on the rise around the globe, and adults should pay attention, says author", UC Santa Cruz, 17 September 2019, https://news.ucsc.edu/2019/09/taft-youth.html.

83. 比如在 2019 年 9 月，400 多万年轻人在 150 个国家同时举行游行示威，要求针对气候变化采取紧急行动。参见 Somini Sengupta, "Protesting Climate Change, Young People Take to Streets in a Global Strike", *The New York Times*, 20 September 2019, https://www.nytimes.com/2019/09/20/climate/global-climate-strike.html. Also, it is truly global. See Delger Erdenesanaa, "At COP26, Youth Activists From Around the World Call Out Decades of Delay", Inside Climate News, 10 November 2021, https://insideclimatenews.org/news/10112021/cop26-youth-activists.

84. 对尼尔·弗格森的访谈。

85. Conducted at the Leverhulme Centre for the Future of Intelligence at Cambridge University. The quotes are attributed to Kanta Dihal, who researches AI narratives. See the Leverhulme Centre for the Future of Intelligence website at http://lcfi.ac.uk/projects/ai-narratives-and-justice/global-ai-narratives.

86. Madhumita Murgia, "Into the metaverse: how sci-fi shapes our attitudes to the future", *Financial Times*, 2 November 2021, https://www.ft.com/content/2f35be37-9da8-4cf6-89b2-8488b36c5a63.

87. Isaac Asimov and Jason Shulman (eds), *Isaac Asimov's Book of Science and Nature Quotations*, Weidenfeld & Nicolson, 1988, https://www.amazon.com/Isaac-Asimovs-Science-Nature-Quotations/dp/1555844448.

88. Famous Psychologists, "Herbert Simon", https://www.famouspsychologists.org/herbert-simon.

89. 肖莎娜·祖博夫（Shoshana Zuboff）在《监控资本主义：在新的权力前沿为人类未来而战》(*The Age of Surveillance Capitalism: The Fight for a Human Future at the New Frontier of Power*) 一书中警告称，监控资本主义以一种非民主的方式，导致知识及其带来的权力严重不对称，从而改变我们的经济、社会、政治和生活。在此背景下，客户正在成为数据来源。Public Affairs, 2020, https://www.amazon.com/Age-Surveillance-Capitalism-Future-Frontier/dp/1541758005/ref=sr_1_1?keywords=the+age+of+surveillance+capitalism&qid=1639689529&s=books&sr=1-1.

90. 在《人工智能时代：我们人类的未来》(*The Age of AI and Our Human Future*) 一书中，政治家亨利·基辛格、谷歌前首席执行官埃里克·施密特和计算机科学家丹尼尔·胡滕洛赫尔指出，人工智能将挑战自启蒙运动以来人类理性的统治地位。Little, Brown and Company, 2021, https://www.amazon.com/gp/product/0316273805?tag=hacboogrosit-20.

91. Steve Morgan, "Cybercrime To Cost The World $10.5 Trillion Annually By 2025", *Cybercrime Magazine*, 13 November 2020, https://cybersecurityventures.com/cybercrime-damages-6-trillion-by-2021.

92. Marietje Schaake, "The Lawless Realm, Countering the Real Cyberthreat", *Foreign Affairs*, November/December 2020, https://www.foreignaffairs.com/articles/world/2020-10-13/lawless-realm.

93. D. Howard Kass, "500 Million Attempted Ransomware Attacks (So Far) In 2021", MSSP Alert, 1 November 2021, https://www.msspalert.com/cybersecurity-research/500-million-attempted-ransomware-attacks-so-far-in-2021.

94. Joe Hernandez, "A Military Drone With A Mind Of Its Own Was Used In Combat, U.N. Says", NPR, 1 June 2021, https://www.npr.org/2021/06/01/1002196245/

a-u-n-report-suggests-libya-saw-the-first-battlefield-killing-by-an-autonomous-d.
95. Madhumita Murgia, "AI weapons pose threat to humanity, warns top scientist", *Financial Times*, 29 November 2021, https://www.ft.com/content/03b2c443-b839-4093-a8f0-968987f426f4.
96. 生命未来研究所网站, https://futureoflife.org。
97. AI Scientists 4 Peace, "Stop the arming of drones for the Bundeswehr-outlaw autonomous weapon systems!", https://aiscientists4peace.org/offener-brief/english-version.
98. Joseph S. Nye, "It's not too late to exert human control over artificial intelligence, this book argues", Project Syndicate, 7 December 2021, https://www.marketwatch.com/story/its-not-too-late-to-exert-human-control-over-artificial-intelligence-this-book-argues-11638382862.
99. Jamie Metzl, "Miraculous mRNA Vaccines are only the Beginning", *Newsweek*, 12 February 2021, https://www.newsweek.com/miraculous-mrna-vaccines-are-only-beginning-opinion-1567683.
100. Quoted by Jamie Metzl during our conversation.
101. 对约翰·斯蒂尔的访谈。
102. Conversation with Jamie Metzl. This dilemma is explored in depth in his book, *Hacking Darwin: Genetic Engineering and the Future of Humanity* (Sourcebooks, 2020, https://www.amazon.com/Hacking-Darwin-Genetic-Engineering-Humanity/dp/1728214130/ref=sr_1_fkmr1_1?keywords=James+Metzl+hacking+darwin&qid=1639118263&s=books&sr=1-1-fkmr1).
103. Martin Wolf, "How we can share our divided world?", *Financial Times*, 2 November 2021, https://www.ft.com/content/b371e181-eac3-41ef-88c5-ca2bb20edd99.
104. Richard Davidson, "Innate basic goodness", Innerchange, https://innerchange.life/peace-media-library/richard-davidson-innate-basic-goodness.
105. John Hesch, "Fostering the development of compassion in young children", *Pastoral Psychology*, vol. 41, 1992, pp. 31-37, https://link.springer.com/article/10.1007/BF01054775.

106. F. Diane Barth, "Can Empathy Be Taught?", *Psychology Today*, 18 October 2018, https://www.psychologytoday.com/us/blog/the-couch/201810/can-empathy-be-taught.

107. John F. Helliwell, et al. (eds), *World Happiness Report*, 2020, https://worldhappiness.report/ed/2020/#read.

108. Jessica Alexander, "America's Insensitive Children?", *The Atlantic*, 9 August 2016, https://www.theatlantic.com/education/archive/2016/08/the-us-empathy-gap/494975.

109. Richard J. Davidson, "About Richard J. Davidson", https://www.richardjdavidson.com/about; and Richard Davidson, "Change your brain, change the world", Innerchange, https://innerchange.life/peace-media-library/richard-davidson-change-your-brain-change-the-world.

110. Martin Wolf, "How we can share our divided world", *Financial Times*, 2 November 2021.

111. United "Nations, *Our Common Agenda, Report of the Secretary-General*, United Nations, 2021, https://www.un.org/en/content/common-agenda-report/assets/pdf/Common_Agenda_Report_English.pdf.

112. 韦氏词典对"想象力"的定义, https://www.merriam-webster.com/dictionary/imagination.

113. 格雷厄姆·格林在另一个略微不同的情景中使用了表示负面情绪的这种解读:"憎恨只是想象力的失败。"他的表述一直被沿用下来。

114. Caleb A. Scharf, "A Failure of Imagination", *Scientific American*, 14 May 2020, https://blogs.scientificamerican.com/life-unbounded/a-failure-of-imagination.

115. David Graeber and David Wengrow, *The Dawn of Everything: A New History of Humanity*, Farrar, Straus and Giroux, 2021, https://www.amazon.com/Dawn-Everything-New-History-Humanity/dp/0374157359.

116. Network for Greening the Financial System (NGFS), *Adapting central bank operations to a hotter world: Reviewing some options*, 2021, https://www.ngfs.net/sites/default/files/media/2021/06/17/ngfs_monetary_policy_operations_

final.pdf.
117. Network for Greening the Financial System (NGFS), *NGFS Climate Scenarios for central banks and supervisors*, 2021, https://www.ngfs.net/sites/default/files/media/2021/08/27/ngfs_climate_scenarios_phase2_june2021.pdf.
118. 关于改革运营框架、适应气候相关风险的九大方案，参见绿色金融网络发布的下述报告：*Adapting central bank operations to a hotter world: Reviewing some options*, 2021, Table 1, p. 5.
119. Most notably, Delton Chen, Joel van der Beek and Jonathan Cloud, "Climate mitigation policy as a system solution: addressing the risk cost of carbon", *Journal of Sustainable Finance & Investment*, vol. 7, no. 3, 2017, https://www.tandfonline.com/doi/abs/10.1080/20430795.2017.1314814; and Delton Chen, Joel van der Beek and Jonathan Cloud, "Hypothesis for a Risk Cost of Carbon: Revising the Externalities and Ethics of Climate Change", in H. Doukas, A. Flamos and J. Lieu (eds), *Understanding Risks and Uncertainties in Energy and Climate Policy*, Springer Nature, 2018, https://rd.springer.com/chapter/10.1007/978-3-030-03152-7_8.
120. Kim Stanley Robinson, "A climate plan for a world in flames", *Financial Times*, 20 August 2021, https://www.ft.com/content/ff94df96-b702-4e01-addd-f4253d0eecf6.
121. Frank Van Gansbeke, "Time For IMF Climate Coin (1/3)", *Forbes*, 17 January 2021, https://www.forbes.com/sites/frankvangansbeke/2021/01/17/time-for-imf-climate-coin-13/?sh=673c2ae8401d.
122. Nature4Climate, "The Global Value of Nature", https://nature4climate.org/the-global-value-of-nature.
123. A good summary is provided in the webinar "Valuing Nature: Whales, Elephants, and the Global Economy", Institute for International Economic Policy, 2020, https://iiep.gwu.edu/2020/11/12/valuing-nature-whales-elephants-and-the-global-economy.《达斯古普塔报告》是关于自然资本的最权威的官方报告。这份自然和生物多样性领域的报告相当于气候变化领域的《斯特恩报告》。参见 Gov.UK, "Final Report – The Economics of

Biodiversity: The Dasgupta Review", 20 August 2021 update, https://www.gov.uk/government/publications/final-report-the-economics-of-biodiversity-the-dasgupta-review.

124. Gov.UK, "The Economics of Biodiversity: The Dasgupta Review – Headline Messages", 2021, https://assets.publishing.service.gov.uk/government/uploads/system/uploads/attachment_data/file/957629/Dasgupta_Review_-_Headline_Messages.pdf.

125. 这并非基于对形势的严谨判断，而是来自 good4nature 评奖活动产生的观测性证据。参见 Monthly Barometer, "good4nature: an international prize for a nature-positive economy", 2021, https://monthlybarometer.com/wp-content/uploads/2021/05/GOOD4NATURE.pdf.

126. Food and Agriculture Organization of the United Nations (FAO), "How Sustainability Is Addressed in Official Bioeconomy Strategies at International, National and Regional Levels", Environment and Natural Resources Management Working Paper, 2016, p.1, https://www.fao.org/3/i5998e/i5998e.pdf.

127. Schmidt Futures, *Public and Private Funding Opportunities to Advance a Circular U.S. Bioeconomy and Maintain U.S. Biotechnology Competitiveness*, Interim Report Informed by the Schmidt Futures Bioeconomy Task Force, 1 December 2021, https://schmidtfutures.com/wp-content/uploads/Bioeconomy-Task-Force-Interim-Report-12.1.21.pdf.

128. David King and Jane Lichtenstein, "The need for Climate Repair: A plan for surviving and thriving", Centre for Climate Repair at Cambridge, Downing College, https://www.climaterepair.cam.ac.uk/files/jane_dave.pdf; and, more generally, University of Cambridge, "Centre for Climate Repair at Cambridge", https://www.climaterepair.cam.ac.uk.

129. Gernot Wagner, *Geoengineering: The Gamble*, Polity, 2021, https://www.amazon.co.uk/s?k=gernot+wagner&i=stripbooks&crid=KD3F3E89A2V5&sprefix=gernot+%2Cstripbooks%2C173&ref=nb_sb_ss_ts-doa-p_1_7.

130. 对帕特里夏·丘奇兰德的访谈。

131. 对拉娜·福洛荷的访谈。

132. 对布兰科·米拉诺维奇的访谈。
133. Chandran Nair, *Dismantling Global White Privilege: Equity for a Post-Western World*, Berrett-Koehler Publishers, 2022, https://www.amazon.com/Dismantling-Global-White-Privilege-Post-Western/dp/1523000007.
134. 1948年12月10日，联合国大会全体会议通过了《世界人权宣言》，https://www.un.org/sites/un2.un.org/files/udhr.pdf.
135. 对阿米·托马森的访谈。
136. Diane Coyle, "Change is needed in the next generation of economists", *Financial Times*, 4 October 2021, https://www.ft.com/content/1ec4a6c3-b5db-4e9b-ab48-573541b9676b.
137. 对戴安娜·科伊尔的访谈。
138. Damian Carrington, "Climate crisis: economists 'grossly undervalue young lives', warns Stern", *The Guardian*, 25 October 2021, https://www.theguardian.com/environment/2021/oct/26/climate-crisis-economists-grossly-undervalue-young-lives-warns-stern.
139. Nicholas Stern, "A time for action on climate change and a time for change in economics", Centre for Climate Change Economics and Policy Working Paper 397/Grantham Research Institute on Climate Change and the Environment Working Paper 370, 2021, https://www.lse.ac.uk/granthaminstitute/wp-content/uploads/2021/10/working-paper-370-Stern.pdf.
140. Guido Tabellini, "Morality matters for economic performance", VOXeu, 22 December 2007, https://voxeu.org/article/does-morality-affect-economic-performance-empirical-evidence.
141. The University of Chicago Booth School of Business, "Luigi Zingales, Robert C. McCormack Distinguished Service Professor of Entrepreneurship and Finance and George G. Rinder Faculty Fellow", 2021, https://www.chicagobooth.edu/faculty/directory/z/luigi-zingales.
142. 对丽贝卡·亨德森的访谈。参见 *Reimagining Capitalism in a World on Fire*, Penguin, 2021, https://www.amazon.com/Reimagining-Capitalism-World-Fire/dp/0241379687/ref=tmm_pap_swatch_0?_encoding=UTF8&qid=1638797612&

sr=1-1.
143. Mark Carney, *Value(s): Building a Better World For All*, Public Affairs, 2021, https://www.amazon.com/Value-Building-Better-World-All/dp/1541768701.
144. 政治哲学家桑德尔将下述观点上升到理论高度：美国等国家已经从"市场经济"转变为"市场社会"。参见 Michael Sandel, "What Isn't for Sale?", *The Atlantic*, April 2012, https://www.theatlantic.com/magazine/archive/2012/04/what-isnt-for-sale/308902.
145. Robert A. Huber, Esther Greussing and Jakob-Moritz Eberl, "From populism to climate scepticism: the role of institutional trust and attitudes towards science", *Environmental Politics*, 24 September 2021, https://www.tandfonline.com/doi/full/10.1080/09644016.2021.1978200.
146. Sania Nishtar, "Climate Policy Is Social Policy", Project Syndicate, 4 November 2021, https://www.project-syndicate.org/commentary/right-climate-fight-poverty-by-sania-nishtar-2021-11.
147. 这正在发生改变，但经济学界直到最近才开始认真思考自然和社会资本对经济增长和发展的作用。
148. United Nations, Sustainable Development, "The 17 Goals", https://sdgs.un.org/goals.
149. Nicholas Stern, "A time for action on climate change and a time for change in economics", Centre for Climate Change Economics and Policy Working Paper 397/Grantham Research Institute on Climate Change and the Environment Working Paper 370, 2021, https://www.lse.ac.uk/granthaminstitute/wp-content/uploads/2021/10/working-paper-370-Stern.pdf.
150. European Commission, "A European Green Deal", https://ec.europa.eu/info/strategy/priorities-2019-2024/european-green-deal_en.
151. Lorna Hutchinson, "'Europe's man on the moon moment': Von der Leyen unveils EU Green Deal", *The Parliament Magazine*, 11 December 2019, https://www.theparliamentmagazine.eu/news/article/europes-man-on-the-moon-moment-von-der-leyen-unveils-eu-green-deal.
152. European Parliament, "Europe's one trillion climate finance plan", News, 25

June 2021 update, https://www.europarl.europa.eu/news/en/headlines/society/20200109STO69927/europe-s-one-trillion-climate-finance-plan.

153. European Parliament, "A Just Transition Fund – How the EU budget can best assist in the necessary transition from fossil fuels to sustainable energy", Policy Department for Budgetary Affairs, Directorate General for Internal Policies of the Union, 2020, https://www.bruegel.org/wp-content/uploads/2020/05/Bruegel-JTF-report-for-EP-BUDG2.pdf.

154. Organisation for Economic Co-operation and Development (OECD), "Economic policies to foster green growth", 2021, https://www.oecd.org/greengrowth/greeneco.

155. European Commission, "Press remarks by President von der Leyen on the occasion of the adoption of the European Green Deal Communication", 11 December 2019, https://ec.europa.eu/commission/presscorner/detail/fr/speech_19_6749.

156. Jean Pisani-Ferry, "21-20 Climate Policy is Macroeconomic Policy, and the Implications Will Be Significant", Peterson Institute for International Economics (PIIE), 2021, https://www.piie.com/system/files/documents/pb21-20.pdf.

157. Vitor Gaspar and Ian Parry, "A Proposal to Scale Up Global Carbon Pricing", International Monetary Fund, IMFBlog, 18 June 2021, https://blogs.imf.org/2021/06/18/a-proposal-to-scale-up-global-carbon-pricing; Bank of England, "Key elements of the 2021 Biennial Exploratory Scenario: Financial risks from climate change", 8 June 2021, https://www.bankofengland.co.uk/stress-testing/2021/key-elements-2021-biennial-exploratory-scenario-financial-risks-climate-change.

158. 这篇在新冠肺炎疫情暴发之前发表的文章明确指出社会激进主义和游行示威才"刚刚开始",参见 Matthew Taylor, Jonathan Watts and John Bartlett, "Climate crisis: 6 million people join latest wave of global protests", *The Guardian*, 27 September 2019, https://www.theguardian.com/environment/2019/sep/27/climate-crisis-6-million-people-join-latest-wave-of-worldwide-protests.

159. 对程子俊的访谈。
160. Margaret Thatcher Foundation, "Interview for *Woman's Own*", Thatcher Archive, 23 September 1987, https://www.margaretthatcher.org/document/106689.
161. Mariana Mazzucato, "The Covid-19 crisis is a chance to do capitalism differently", *The Guardian*, 18 March 2020, https://www.theguardian.com/commentisfree/2020/mar/18/the-covid-19-crisis-is-a-chance-to-do-capitalism-differently.
162. Joseph Stiglitz, "A Lasting Remedy for the Covid-19 Pandemic's Economic Crisis", *The New York Review of Books*, 8 April 2020, https://www.nybooks.com/daily/2020/04/08/a-lasting-remedy-for-the-covid-19-pandemics-economic-crisis.
163. European Commission, "Recovery plan for Europe", 2020, https://ec.europa.eu/info/strategy/recovery-plan-europe_en.
164. Takatoshi Ito, "Beware of Japan's 'New Capitalism'", Project Syndicate, 19 November 2021, https://www.project-syndicate.org/commentary/new-capitalism-under-kishida-is-plain-old-socialism-by-takatoshi-ito-2021-11.
165. 对拉古拉姆·拉扬的访谈。
166. 对玛丽安娜·马祖卡托的访谈。
167. Mariana Mazzucato, "The Creative State", Project Syndicate, 16 April 2015, https://www.project-syndicate.org/commentary/government-investment-innovation-by-mariana-mazzucato-2015-04.
168. Markus Brunnermeier, *The Resilient Society*, Endeavor Literary Press, 2021, https://www.amazon.com/Resilient-Society-Markus-Brunnermeier/dp/1737403609/ref=tmm_pap_swatch_0?_encoding=UTF8&qid=1637398883&sr=8-1.
169. Peter Coy, "How a Princeton Economist Teaches Resilience", *The New York Times*, 27 September 2021, https://www.nytimes.com/2021/09/27/opinion/resilience-princeton-economist.html.
170. Markus Brunnermeier, *The Resilient Society*, Endeavor Literary Press, 2021.
171. UK Government, G7 United Kingdom 2021, "Economic Resilience

Panel", 13 October 2021, https://www.g7uk.org/economic-resilience-panel.
172. UK Government, G7 Panel on Economic Resilience, *Global Economic Resilience: Building Forward Better*, 2021, https://www.g7uk.org/wp-content/uploads/2021/10/G7-Economic-Resilience-Panel-Report.pdf.
173. James Manyika, et al., "A new look at how corporations impact the economy and households", McKinsey & Company, Discussion Paper, 31 May 2021, https://www.mckinsey.com/business-functions/strategy-and-corporate-finance/our-insights/a-new-look-at-how-corporations-impact-the-economy-and-households.
174. Milton Friedman, "A Friedman doctrine – The Social Responsibility Of Business Is to Increase Its Profits", *The New York Times*, 13 September 1970, https://www.nytimes.com/1970/09/13/archives/a-friedman-doctrine-the-social-responsibility-of-business-is-to.html.
175. 同上。
176. Klaus Schwab, "Davos Manifesto 1973: A Code of Ethics for Business Leaders", World Economic Forum Agenda, 2 December 2019, https://www.weforum.org/agenda/2019/12/davos-manifesto-1973-a-code-of-ethics-for-business-leaders.
177. 出自1987年电影《华尔街》中戈登·盖科之言。该片用非常强大的叙事手法展现了那个年代的华尔街。
178. These numbers are cited in Diane Coyle, "The Revolution Will Not Be Privatized: Corporate Responsibility and Its Limits", *Foreign Affairs*, January/February 2022, https://www.foreignaffairs.com/articles/world/2021-12-14/revolution-will-not-be-privatized.
179. Business Roundtable, "Business Roundtable Redefines the Purpose of a Corporation to Promote 'An Economy That Serves All Americans'", 19 August 2019, https://www.businessroundtable.org/business-roundtable-redefines-the-purpose-of-a-corporation-to-promote-an-economy-that-serves-all-americans.
180. Alan Murray, "America's CEOs Seek a New Purpose for the Corporation",

Fortune, 19 August 2019, https://fortune.com/longform/business-roundtable-ceos-corporations-purpose.

181. Klaus Schwab, "Davos Manifesto 2020: The Universal Purpose of a Company in the Fourth Industrial Revolution", World Economic Forum Agenda, 2 December 2019, https://www.weforum.org/agenda/2019/12/davos-manifesto-2020-the-universal-purpose-of-a-company-in-the-fourth-industrial-revolution.

182. 美国前总统里根有句名言："英语中最恐怖的一行字——我是政府派来帮忙的。"参见 Ronald Reagan Presidential Foundation and Institute, "Reagan Quotes and Speeches", 12 August 1986, https://www.reaganfoundation.org/ronald-reagan/reagan-quotes-speeches/news-conference-1.

183. World Economic Forum in collaboration with Deloitte, EY, KPMG and PwC, "Measuring Stakeholder Capitalism: Towards Common Metrics and Consistent Reporting of Sustainable Value Creation", White Paper, 2020, https://www3.weforum.org/docs/WEF_IBC_Measuring_Stakeholder_Capitalism_Report_2020.pdf.

184. Colm Kelly and Dennis J. Snower, "Capitalism recoupled", *Oxford Review of Economic Policy*, vol. 37, no. 4, Winter 2021, pp. 851-863, https://academic.oup.com/oxrep/article/37/4/851/6423485.

185. Kearney, "Shareholder vs stakeholder value: CEO debate", World Economic Forum session, https://www.kearney.com/web/world-economic-forum/shareholder-vs-stakeholder-value.

186. 激进对冲基金 Engine No. 1 虽然只拥有埃克森美孚公司 0.02% 的股份，却获得了该公司董事会的两个席位，充分体现了这一趋势。参见 Clifford Krauss, "Exxon Board to Get a Third Activist Pushing Cleaner Energy", *The New York Times*, 9 June 2021 update, https://www.nytimes.com/2021/06/02/business/exxon-board-clean-energy.html.

187. Klaus Schwab, "Global Corporate Citizenship", *Foreign Affairs*, January/February 2008, https://ciaotest.cc.columbia.edu/journals/fa/v87i1/0000792.pdf.

188. Klaus Schwab, "Capitalism Must Reform to Survive: From Shareholders to Stakeholders", *Foreign Affairs*, 16 January 2020, https://www.foreignaffairs.com/articles/2020-01-16/capitalism-must-reform-survive.
189. Azeem Azhar, *The Exponential Age: How Accelerating Technology is Transforming Business, Politics and Society*, Diversion Books, 2021, https://diversionbooks.com/books/the-exponential-age.
190. Zoë Corbyn, "Peter Diamandis: 'In the next 10 years, we'll reinvent every industry'", *The Guardian*, 25 January 2020, https://www.theguardian.com/technology/2020/jan/25/peter-diamandis-future-faster-think-interview-ai-industry. 关于加速／指数级增长变革，彼得·戴曼迪斯在下列著作中得出了同样的观点，参见 *The Future Is Faster Than You Think: How Converging Technologies Are Transforming Business, Industries, and Our Lives* (Exponential Technology Series), Simon & Schuster, 2020.
191. 对加来道雄的访谈。
192. SYSTEMIQ, "The Paris Effect: How the Climate Agreement Is Reshaping the Global Economy", 9 December 2020, https://www.systemiq.earth/paris-effect.
193. 这个观点详见牛津大学马丁学院新经济思维研究所发布的一份报告：*A new perspective on decarbonising the global energy system*, 2021, https://www.inet.ox.ac.uk/news/report-a-new-perspective-on-decarbonising-the-global-energy-system.
194. 这些看法详见上一条注释提及的报告以及新经济思维研究所复杂性经济学团队（"INET Oxford's programmes, Complexity Economics: Overview", https://www.inet.ox.ac.uk/research/programmes/complexity-economics）开展的多项研究，其结论得到了权威机构能源转型委员会的支持。参见 "Keeping 1.5℃ Alive: Closing the Gap in the 2020s", Executive Summary, 2021, https://www.energy-transitions.org/wp-content/uploads/2021/09/ETC-Keeping-1.5C-Alive-Closing-the-Gap-in-the-2020s-Executive-Summary.pdf.
195. Institute for New Economic Thinking, "Report: 'A new perspective on decarbonising the global energy system'", 19 April 2021, https://www.inet.

ox.ac.uk/news/report-a-new-perspective-on-decarbonising-the-global-energy-system.
196. Energy Transitions Commission, "Our ambition", 2021, https://www.energy-transitions.org/ambition.
197. International Energy Agency (IEA), "Renewable electricity growth is accelerating faster than ever worldwide, supporting the emergence of the new global energy economy", Press release, 1 December 2021, https://www.iea.org/news/renewable-electricity-growth-is-accelerating-faster-than-ever-worldwide-supporting-the-emergence-of-the-new-global-energy-economy.
198. 同上。
199. Klaus Schwab, *The Fourth Industrial Revolution*, Currency, 2017, https://www.amazon.com/Fourth-Industrial-Revolution-Klaus-Schwab/dp/1524758868/ref=tmm_hrd_swatch_0?_encoding=UTF8&qid=1639156166&sr=8-1.
200. 设计师和建筑师内里·奥克斯曼（Neri Oxman）提供了一个妙趣横生的案例。她的研究工作涉及计算设计、增材制造、材料工程和合成生物学等多个领域。参见 TED, Ideas worth spreading, "Neri Oxman, Design at the intersection of technology and biology", 2015, https://www.ted.com/talks/neri_oxman_design_at_the_intersection_of_technology_and_biology.
201. Erik Brynjolfsson and Andrew McAfee, *The Second Machine Age: Work, Progress, and Prosperity in a Time of Brilliant Technologies*, W.W. Norton & Company, 2014, https://www.amazon.com/Second-Machine-Age-Prosperity-Technologies/dp/0393239357/ref=tmm_hrd_swatch_0?_encoding=UTF8&qid=1639201006&sr=1-1.
202. 引自斯坦福大学生物工程教授德鲁·恩迪（Drew Endy）在下列文章中被引述的观点："Can Synthetic Biology Save Us? This Scientist Thinks So", *The New York Times*, 23 November 2021, https://www.nytimes.com/2021/11/23/business/dealbook/synthetic-biology-drew-endy.html.
203. 对珍妮弗·杜德纳的访谈。
204. International Genetically Engineered Machine (iGEM), "Welcome to the iGEM 2021 Competition Website", https://2021.igem.org/Main_Page.

205. SynBioBeta, "2Q 2021 Synthetic Biology Venture Investment Report", 6 October 2021, https://synbiobeta.com/2q-2021-synthetic-biology-venture-investment-report.
206. McKinsey & Company, "The top trends in tech", 2021, https://www.mckinsey.com/business-functions/mckinsey-digital/our-insights/the-top-trends-in-tech.
207. World Economic Forum, in collaboration with the UC Berkeley Center for Human-Compatible AI and Roland Berger, *Positive AI Economic Futures*, Insight Report, 2021, https://www3.weforum.org/docs/WEF_Positive_AI_Economic_Futures_2021.pdf.
208. 对拉古拉姆·拉扬的访谈。
209. Steven Pinker, *The Better Angels of Our Nature: A History of Violence and Humanity*, Penguin, 2012, https://www.amazon.co.uk/Better-Angels-Our-Nature-Violence/dp/0141034645/ref=sr_1_5?keywords=pinker&qid=1637136175&s=books&sr=1-5.
210. Steven Pinker, *Enlightenment Now: The Case for Reason, Science, Humanism, and Progress*, Viking, 2018, https://www.amazon.com/Enlightenment-Now-Science-Humanism-Progress/dp/0525427570.
211. Hans Rosling, Ola Rosling and Anna Rosling Rönnlund, *Factfulness: Ten Reasons We're Wrong About The World-And Why Things Are Better Than You Think*, Sceptre, 2018, https://www.amazon.co.uk/Factfulness-Reasons-Wrong-Things-Better/dp/1473637465/ref=tmm_hrd_swatch_0?_encoding=UTF8&qid=1637136426&sr=1-1.
212. Wired, "Barack Obama: Now Is the Greatest Time to Be Alive", 18 December 2016, https://www.wired.com/2016/10/president-obama-guest-edits-wired-essay.
213. Michel Serres, *C'était mieux avant!* (*It was better before!*), Pommier [in French], 2017, https://www.amazon.com/C%C3%A9tait-mieux-avant/dp/2746512882.
214. Jean Twenge, "The Sad State of Happiness in the United States and the

Role of Digital Media", in *World Happiness Report 2019*, Chapter 5, 20 March 2019, https://worldhappiness.report/ed/2019/the-sad-state-of-happiness-in-the-united-states-and-the-role-of-digital-media.

215. Yuval Noah Harari and Steven Pinker in conversation, moderated by Maksym Yakovlyev, YouTube, September 2019, https://www.youtube.com/watch?v=qHSzeijQ95I.

216. LibQuotes, Leo Tolstoy, "Three Methods of Reform" in *Pamphlets* [in Russian], 1900.

217. Edward Everett Hale, *Lend a Hand*, c. 1871, in Margaret Miner and Hugh Rawson (eds), *The Oxford Dictionary of American Quotations*, Second Edition, Oxford University Press, 2006.

218. In a speech delivered in 2001. However, this quote has also been attributed to many leaders and thinkers, among them Seneca, Napoleon, Churchill, Disraeli, Burke and others.